Bernhardt Heidhues

Über die Wolken des Aristophanes

Bernhardt Heidhues

Über die Wolken des Aristophanes

ISBN/EAN: 9783744623674

Hergestellt in Europa, USA, Kanada, Australien, Japan

Cover: Foto ©Thomas Meinert / pixelio.de

Weitere Bücher finden Sie auf **www.hansebooks.com**

ÜBER

DIE WOLKEN DES ARISTOPHANES.

VON

BERNH. HEIDKÜES.

BEILAGE ZUM PROGRAMM
DES KÖNIGLICHEN FRIEDRICH-WILHELMS-GYMNASIUMS
ZU KÖLN.

1897. No. 449.

Über die Wolken des Aristophanes.

Litteratur.

Esser (1821): De prima et altera quae fertur Nubium Aristoph. editione Bonn. Diss. — Süvern (1826): Über Aristophanes' Wolken. Berl. — Rötscher (1827): Aristophanes und sein Zeitalter. Berl. — G. Hermann (1830): Aristophanis Nubes cum scholiis etc. Leipz. — Fr. V. Fritzsche (1835): Quaestiones Aristophaneae. Fr. Qu.]; (1849): De fabulis ab Aristoph. retractatis. Spec. prim. Rost. [Fr. I.]; (1850·51): Ebenso. Spec. secund. [Fr. II]; (1851): Ebenso. Spec. tert. [Fr. III]; 1851·52): Ebenso. Spec. quart. [Fr. IV]; (1852): Ebenso. Spec. quint. [Fr. V]. A. Meineke (1839): Fragmenta Poet. Com. Ant. Berl. — C. Beer (1844): Über die Zahl der Schauspieler bei Aristoph. Leipz. — C. Fr. Hermann (1849): Krit. Bemerk. zu Arist. Wolken (in ,Gesammelte Abhandl. u. Beiträge' u. s. w. Gött. Bd. XII). [C. Fr. H.'. — W. Teuffel (1852) im Philologus Bd. 7. S. 325 ff. [Teuf. a]; (1854): ,Über die Parabase der Wolken von Rob. Enger', Kritik in N. Jhb. f. Phil. u. Pädl. Bd. 69. S. 549 ff. [Teuf. b]; (1856): Über die sechste Hypothesis zu den Wolken. Rhein. Mus. X. [Teuf. c]. — Rob. Enger (1853): Über die Parab. der Wo. des Arist. Progr. Ostrowo. — Göttling (1856): Über die Redaktion der Wolken (in Bericht ü. d. Verhdl. der Kgl. Sächs. Gesellsch. der Wiss. zu Leipz. Bd. 8). — Schönborn (1858): Die Skene der Hellenen. Leipz. — Köchly (1859): Akademische Vorträge und Reden. Zür. S. 233 ff., 411 ff. — Bücheler (1861): Über Aristophanes Wolken (in N. Jhb. f. Ph. u. Pädl. 1861 S. 657 ff.). — Nesemann (1862): De episodiis Aristophaneis. Berl. Diss. — Böhringer (1863): Über die Wolken des Aristophanes. — Brentano (1871): Untersuchungen über das griech. Drama. I. Teil. Aristophanes. Frkf. a. M. — Weyland (1871): De Nubibus Aristophanis. Diss. Greifsw. — Sauerwein (1872): Ostenditur qui loci in superstite Nubium comoedia e priore etc. Diss. Rost. — Gehring (1873: Über den Sokrates in des Aristoph. Wolken. Prgr. Gera. — Ritter (1876): Über die Wolken des Aristoph. (in Ztsch. f. d. klass. Altert. Bd. 34. S. 417 ff.) Gött. — Witten (1877): De Nubium fabula ab Arist. retr. Progr. Erfurt. — Dübner (1877): Die Scholien zu Aristoph. Paris. — Diels (1880): Über Leukipp u. Demokrit (in Verhdl. der Halle-Vers. S. 105 ff.) [Diels a]; (1883): Über die Excerpte von Menons Iatrika (in Hermes Ztschr. f. klass. Philol. Bd. 28) [Diels b]; (1891): Xenophanes und Hippon (in Sitzungsbericht der Berl. Akad. der Wiss. S. 575 ff.) [Diels c]. — Naber (1883): De Aristophanis Nubibus (in Mnemosyne Nov. Ser. XI Leyd. u. Leipz. S. 161 ff. u. 303 ff.). — F. V. Fritzsche (1884): Novae Recensionis Aristoph. Spec. Rost. Zieliński (1885): Die Gliederung der altattischen Komödie. — Zacher (1888): ,Die Handschriften und Classen der Aristophanesscholien'. Jhrb. f. class. Philol. Suppl. 16 S. 501 ff. — Schanz (1893): Apologie. Samml. ausgew. Dial. Leipzig. — Pfleiderer (1896): Sokrates und Plato. Tübingen.

Neuere Ausgaben: Kaehler 1887 (W. S. Teuffel). Th. Kock 1894.

Über die gemachten Conjecturen siehe Anhang.

Bisher gingen die Untersuchungen über die Wolken des Aristophanes von der sog. sechsten Hypothesis aus, die mit den Worten beginnt: Τοῦτο ταὐτόν ἐστι τῷ προτέρῳ. Ohne an dieser Stelle ein Urteil über den Wert dieser Nachricht abzugeben, halten wir es für richtiger, zunächst möglichst unabhängig von jedem alten Zeugnisse lediglich das überlieferte Stück selbst zu betrachten. Die Frage, um die es sich handelt, ist: Haben wir in unsern Wolken, von der Parabase i. e. S. abgesehen, das i. J. 423 aufgeführte Stück zu sehen oder nicht? Zur Beantwortung dieser Frage ist

4

zweierlei zu untersuchen, zunächst: Macht der Dichter irgendwelche Andeutung, eine Überarbeitung des Stückes betreffend? dann: Macht das Stück selbst den Eindruck der Überarbeitung? Erst in zweiter Linie würde das so gewonnene Resultat an den überlieferten Zeugnissen auf seine Richtigkeit geprüft werden.

A. Das überlieferte Stück selbst.

I. Macht der Dichter irgendwelche Andeutung eine Überarbeitung betreffend?

(Parabase i. e. S. 518—562).

Aus der Erwähnung des Marikas des Eupolis (553 — aufgeführt Ol. 89. 3 — in Verbindung mit den folgenden Versen ergiebt sich, dass die neue Parabase frühestens i. J. 419 (Kock Einl. 31), vielleicht erst zwischen 418 und 416 (Büch. 658) fertig war. In eupolideischen[1]) Versen geschrieben, macht sie den Eindruck des aus éinem Gusse Geschaffenen[2]). Sie gliedert sich etwa so:

Einl.: Der Dichter will den Zuschauern die Wahrheit sagen (518 f.).

Ausf.: I. Tadel wegen ihres Verhaltens den aufgef. Wolken gegenüber. Seine Siegeshoffnung im Hinblick auf die verwandten Schmausbrüder (520—536).

II. Die besondern Vorzüge seiner Komödie 537—559).

1. Masshaltung im Gebrauch der Bühnenmittel (537—544).

2. Darstellung stets neuer Ideen (545—559).

a. sein eigenes Verfahren, Kleon betr. (545—550).

b. der Gegner Verfahren, Hyperb. betr. (551—559).

Schluss: Die Zuschauer sollen sich für oder gegen ihn entscheiden (560—562).

Offenbar werden N I und N II vom Dichter identificiert: auf jene gehen ταύτην (522), die Aoriste ἦλθε (535. 538), ἔσκωψε, ἐλάκησεν (540), ἐλήφθη (543), dazwischen, auf die vorliegenden N II gehend, die Praesentia ἐστὶ (537), τίπτει (542), βοᾷ (543) und das Perfekt ἐλήλυθεν (544). Das νῦν οὖν . . ἠδ᾽ ἡ κωμῳδία . ἦλθ᾽ (534 f.) bezieht sich auf die aufgeführten N I: νῦν wird auch von der Vergangenheit gebraucht[3]). Der Dichter greift zurück auf 521 ff. ὑμᾶς ἡγούμενος εἶναι θεατὰς δεξιοὺς καὶ ταύτην σοφώτατ᾽ ἔχειν τῶν ἐμῶν κωμῳδιῶν[4]). ἠξίωσ᾽ ἀναγεῦσ᾽ (kostend in sich aufnehmen lassen", Büch. 681) ὑμᾶς. Von 524 εἶτ᾽ ἀνεχώρησεν bis 533 ἰσθ᾽ ὅσκια trat ein retardierendes Moment in die Darstellung. Zunächst gab A. dem Missmut Ausdruck, hervorgerufen durch den Misserfolg i. J. 423; dann betonte er die Siegeszuversicht, die er infolge der günstigen Aufnahme der Schmausbrüder gehabt. Der Dichter zieht folgenden Schluss: Die Schmausbrüder hatten bei ihrem Inhalt (ὁ σώφρων τε χὼ καταπύγων) und verständigen Zuschauern (θεαταὶ σοφοί aus 535) besten Erfolg (ἄριστ᾽ ἠκουσάτην 529), — also wird die Wolkenkomödie bei verwandtem Inhalte ('Ἠλέκτραν καὶ

---

[1]) Die alte Parab. wahrscheinlich im anap. Tetr.: Fr. Qu. 113; II, 3. Beer 122. Teuf. e. 230. Büch. 663. Weyland 8.

[2]) Köchly 417 u. a.; abweichend Beer „offenbar neu 518—527 und 545—562" und Kock zu πρώτην 523.

[3]) z. B. Soph. Oed. Kol. 371 f. νῦν δ᾽ . . εἰσῆλθε τοῖς κακή, wo das νῦν δὲ gegenüber dem πρὶν μὲν (367) ein „später" bedeutet. Wie oben mit νῦν οὖν, wird ähnlich mit νῦν δὲ nach einer Abschweifung wieder angeknüpft (Ameis Hom. Od. α 194, ζ 191).

[4]) Das überlieferte πρώτους ändere ich in ταύτην (523), das ἔχειν in ψέγειν (528), das καὶ δ᾽ in καιδ᾽ (531).

ἐκείνην 534) gleich guten Erfolg haben *γνώσεται τάδελφοῦ*, d. i. Orestes „Schmausbrüder' *τὸν βόστρυχον* 536), wenn sie gleich verständige Zuschauer findet (*ζητοῦσ'*, *ᾔπερ 'ἀπέχῃ θεαταῖς οὗτω σοφοῖς* 535, *ᾔπερ ἤδη* 536). Wie sind Orestes *ἱατάξῆς* und Elektra *Νεφέλα* verwandt? Das deutet der Dichter dadurch an, dass er statt des Titels die beiden Hauptgestalten, Tugendsam und Liederlich, nennt. Ihnen entsprechen in der Wolkenkomödie die beiden Logoi, der Dikaios und der Adikos, in der zugkräftigen Streitscene. — Unter solchen Umständen nun *τῶν οὖν*, d. h. nach dem Erfolg der Schmausbräder und der Gewähr, die dieser Erfolg mir für euer Kunstverständnis bot, kam (*ᾔλθε* i. J. 423) diese Wolkenkomödie mit ihrem im Streit der Logoi verwandten Inhalte und suchte gleich verständige Zuschauer und damit gleichen Erfolg wie bei den Schmausbrüdern. Dass er beides nicht fand, ward schon 524 f. gesagt: *τῶν ἀντιχόρων ὑπ' ἀνδρῶν φορτικῶν ἡττήθείς*. Also mit *τὸν οὖν* kehrt der Dichter von der Abschweifung zurück, in deren zweitem Teil er das zum Verständnis des Bildes *'Ηλέκτραν κατ' ἐκείνην* und des *γνώσεται τάδελφοῦ τὸν βόστρυχον* Nötige gewonnen hat. Das *ᾔδ' ἡ κωμῳδία* (534) ist somit nichts anderes als das mit *ταύτην* (522) gemeinte Stück, die 423 aufgeführten Wolken.

So wird der Zusammenhang zu verstehen sein. Da die Darstellung von der bisher gegebenen, besonders bezüglich der Verse 534 ff., abweicht, sie aber für die ganze Frage von ausserordentlicher Wichtigkeit ist, so wird es nötig sein, auf die frühere Auffassung näher einzugehen. Die Locke des Bruders ist der Erfolg, den die Schmausbrüder gehabt, nicht, wie Köchly[5] (S. 418) meinte. „ein Teil jener Komödie, welcher vorzugsweise der Einsicht und dem guten Geschmacke des Publikums gehuldigt und darum dessen Beifall im höchsten Grad errungen hat." Es ist zunächst fraglich, ob die Gestalten des *σώφρον* und des *καταπύγον* in einem besondern Teile der Schmausbrüder, ähnlich der Streitscene der Logoi, vorkamen. Aus den erhaltenen Fragmenten[6] ersehen wir nur, dass jene Komödie von den Schäden der athenischen Jugenderziehung gehandelt haben wird; ein greiser Vater trat auf mit seinen beiden Söhnen, von denen der eine der modernen verweichlichten Lebensweise huldigte, der andere in der alten strengen Zucht erzogen war. Aber gesetzt auch, es wäre eine besondere Scene gewesen, auf der jener Erfolg beruhte, so kann man doch nicht für *τὸν βόστρυχον* einsetzen „jenen Teil". Köchly täuscht sich selbst darüber hinweg, wenn er fortfährt: „und indem Elektra d. h. die neue Wolkenkomödie des Bruders Locke zu erkennen hofft, so muss sie notwendig demselben einsichtsvollen Publikum auch ein neues Stück darbringen, welches jenem beifällig aufgenommenen Teile der Erstlingskomödie ebenso ähnlich ist als in Aeschylos Tragödie die Locke Elektras der ihres Bruders." Mag man sich auch im Vers 535 statt des *ᾔλθε* ein *ἔρχεται* oder *ἐλήλυθε* denken, — wenn die (neue) Wolkenkomödie kommt, dann wird sie nicht erst erkennen (*γνώσεται* Köchly „hofft zu erkennen" des Bruders Locke, also im Sinne Köchlys jenen Teil der Schmausbrüder, worauf der Erfolg beruhte, sondern sie hat ihn erkannt, man würde ein *ἔγνωσε* erwarten; nicht von der Komödie, wie überliefert, nur vom Zuschauer würde man sagen können *γνώσεται*. Nun steht aber *ᾔλθε* und kein Präsens oder Perfekt. Der Dichter denkt eben an die im J. 423 aufgeführte Komödie. Diese aufgeführten Wolken haben jene dem Tugendsam und Liederlich entsprechenden Gestalten des Logos Dikaios und des Adikos gehabt, und da kann es sich nicht um eine gelegentliche Erwähnung dieser Logoi handeln, wie sie sich 112 ff. 244. 657. 882 ff. 1229. 1336 f. 1444 f. 1451 — z. T. *ᾔττον* statt *ἄδικος* — findet, darauf möchte sich keine

5) Ähnlich Weyland (S. 26 f.). Unsere Auffassung der Verwandtschaft deckt sich nicht etwa mit der von ihm bekämpften „quod Nubes et Daetalenses totae sibi essent simillimae".
6) Dindorf Arist. fab. superst. et perd. fragm. (1869). S. 182 ff..

6

Siegeshoffnung aufbauen, sondern es konnte sich nur um den mit Aristophanischer Meisterschaft ausgeführten Zweikampf der beiden Logoi (889—1104) handeln, wo ebenfalls „gegen die neumodische, freche, rabulistische Erziehung für die alte gute Sitte und Zucht" gekämpft ward. Sehr richtig bemerkt Bücheler (S. 675), dass, „um Sokrates als Sophisten zu charakterisieren, schon in den ersten Wolken der stärkere und der schwächere Vortrag, seit Protagoras gleichsam die Summe sophistischer Bildung, nicht fehlen durfte", aber weder Beers Annahme (S. 129), dass die Streitscene zwar in den ersten Wolken vorhanden gewesen, aber an anderer Stelle, vermutlich nach dem Chorliede 1115 ff., noch Büchelers Behauptung (S. 681), dass „die Wolken schon in ihrer ersten Gestalt, wie die Parabase der Wolken bezeugt, noch entschiedener aber in der jetzigen Umarbeitung in der Streitscene der Logoi" jenen Kampf enthielten, lassen sich durch die Parabase, die nur von ein und derselben Wolkenkomödie spricht, irgendwie rechtfertigen. — Wie aber durch irrtümliche Auffassung des νῦν — auch bei Ritter (S. 457) „jetzt (νῦν οὖν) d. h. nach der neuen Redaktion" — und dadurch, dass man zwischen dem τότε als N I und dem ἤδε als N II einen Gegensatz finden wollte, der Irrtum entstehen konnte, als sei die Partie 889—1104 in N II neu eingelegt, liegt auf der Hand. Es konnte auf den ersten Blick scheinen, als sei der Dichter bei Vers 525 f. (ταῦτ' οὖν ὑμῖν μέμφομαι τοῖς σοφοῖς, ὧν εἵνεκ' ἐγὼ ταῦτ' ἐπραγματευόμην) mit der Rechtfertigung der ersten Wolkenkomödie fertig, als wende er sich nun mit οὐ προδώσω ὑμῶν τοὺς δεξιούς der Zukunft zu und bringe ihnen drum gegenwärtig (νῦν) eine neue Wolkenkomödie, in die er jene Scene, den Streit der Logoi, hineingebracht, weil die ähnlichen Gestalten in den Schmausbrüdern so vielen Beifall gefunden. — In der That ist der Dichter aber mit der Rechtfertigung keineswegs fertig. Er hatte zunächst (520 bis 524) erklärt, dass er im Glauben, verständige Zuschauer vor sich zu haben und in den Wolken die sinnigste seiner Komödien zu bieten, an der er keine Mühe gespart, den Sieg erhofft habe. Sein Hoffen trog ihn (ἡττήθεις 525). Woran lag die Schuld? Nicht an ihm (οὐκ ἄξιος ὤν), also an dem Publikum, das ihn plumpen Gesellen hatte unterliegen lassen (ἡττ. ἐπ' ἀνδρῶν φορτικῶν: Nebenbuhler). Schon wollte er sich damals von seiner dichterischen Thätigkeit zurücktreten (εἰ' ἀνεχώρουν hupf. de con.); er hat es nicht gethan. Aber tadeln muss er die klugen und weisen Herren (τοῖς σοφοῖς ironisch: K. Fr. II. 269), um derentwillen er die Komödie schrieb (525 f.). Trotz der Niederlage (οὐδ' ὧς) will er die Gebildeten unter ihnen (ὑμῶν τοὺς δεξιούς) nicht darunter leiden lassen (προδώσω) [5] d. h. er will ihnen die Wolkenkomödie nochmals (als Lesedrama) unterbreiten. Das Herausheben des gebildeten Teiles des Publikums 527 (. Ggs. zu 521) führt den Dichter zu der begründenden (γάρ) Erklärung, dass er seit der Aufführung der Schmausbrüder die Gewissheit habe, verständige Beurteiler zu finden (528—533). Lag nun schon in der Wendung ἐπ' ἀνδρῶν φορτικῶν ἡττηθείς, οὐκ ἄξιος ὤν eine gewisse Rechtfertigung seiner Wolkenkomödie, so wird die durch die eingeschobenen Worte ταῦτ' οὖν—δεξιούς unterbrochene Rechtfertigung mit der Erwähnung jener Jugendkomödie wieder aufgenommen, insofern der Dichter betont, dass er bei dem verwandten Stoff (Streitscene) auch für die Wolkenkomödie gleiche Anerkennung habe erwarten dürfen (νῦν οὖν—ῥᾳστρίχα).

So wenig sich nun aus diesem ersten Teile der Parabase ein Anhaltspunkt für eine Umarbeitung des Stückes selbst ergiebt, ebensowenig aus der weitern Rechtfertigung im Teil II, der, gegenüber dem allgemeinen Lob 522 ff., die besondern Vorzüge der Wolkenkomödie aufzählt. Sie ist mass-

---

[5]) Da οὐδ'. προδώσω frühestens i. J. 419 geschrieben, kann es sich nicht auf die Fortsetzung der dichterischen Thätigkeit nach N I beziehen (Wespen, Frieden u. s. w.). Die Worte ταῦτ' οὖν ὑμῖν μέμφομαι τοῖς δεξιούς mag man sich in Klammern denken.

haltend[8] (σώφρον φράσει 537); Büchelers (S. 682 f.) „tugendlich" „frei von Gemeinheiten" ist zu eng. Sie hält Mass in der Verwendung gewisser Bühnenmittel, im Gegensatz zu den Nebenbuhlern. Diese Bühnenmittel werden aufgezählt πρῶτα μὲν (537), οὐδ' . . οὐδὲ (540), οὐδὲ (541), οὐδ' (543 ; das σώφρον geht also nicht etwa nur auf ἥτις πρῶτα μὲν οὐδὲν ἦλθε ῥαψαμένη σκυτίον καθειμένον .. Wie Bücheler (S. 679 f.) richtig gegen Köchly S. 424 — derselbe Fehler bei Brent. S. 63 — ausgeführt hat, zieht der Dichter gegen seine Mitbewerber, die ἄνδρας φορτικοί, los, er stellt nicht etwa eine neue Wolkenausgabe, die frei von den gerügten Mängeln sei, in Gegensatz zu den aufgeführten Wolken. Er tadelt lediglich den masslosen, unverständigen Gebrauch der Bühnenmittel, nicht den verständigen, der in der Handlung begründet ist[9]. Das schliesst also nicht aus, dass wir in der Wolkenkomödie den Phallos (734), den Kahlkopf (147), den Kordaxtanz (etwa 1154 ff. oder auch 1206 ff., den prügelnden Alten (1297 ff., umgekehrt 1321 ff.), die Fackeln (1490), das Wehegeschrei 1321, 1493) antreffen. — Seine Komödie bringt ferner stets neue Ideen. Dass A. von seiner Wolkenkomödie schlechthin, dem aufgeführten Stück, dies rühmt, geht auch deutlich aus der Stelle der Wespen — aufgef. Ol. 89,2 — hervor, wo (1044) es heisst: πρῶτον κατατρομόντι κατετάκαις σκείρατ' αὐτὸν διανοίας ..; zudem liess sich (gegen Büch. S. 682) auf ein verändertes Stück das κωμῳδ' ἰδέας ... οὐδὲν ἀλλήλαισιν ὁμοίας (547 f.) nicht anwenden, man müsste denn, was aber Büch. doch nicht will, die beiden Wolkenkomödien für grundverschieden halten. Der Dichter wahrt mit den Worten οὐδ' ὑμᾶς ζητῶ 'ξαπατᾶν δὶς καὶ τρὶς ταῦτ' εἰσάγων . . ., wo er gegen die Phrynichos, Hermippos u. a. loszieht, zugleich seinen aufgeführten Wolken den Charakter der Originalität trotz jener Berührung mit den Schmausbrüdern.

Ergebnis: Die Parabase i. e. S. enthält keine Andeutung einer Umarbeitung von XI.

II. Macht die Komödie selbst den Eindruck der Überarbeitung?

1. Die behaupteten Widersprüche bezw. Wiederholungen.

a. Epirrhema 1115—1130. Epirrh. 575—594. Antepirrh. 606—626.

Vereinzelte Epirrhemata wie das 1115 ff. kommen auch sonst vor (Enger, X. Jbb. f. Phil. u. Päd. 69 S. 549). Auf die Zeitdauer, die der Vortrag der 16 Verse in Anspruch nimmt, kommt's nicht an[10]; der parabatische Teil genügt, um sich den Unterricht des Pheidippides durch Sokrates, als hinter der Scene erfolgend, zu denken. Der freudige Ton, die Siegeszuversicht, die in ihm herrscht, weisen auf XI hin (bes. Tenf. a 340). — In dem Epirrhema 575 ff. kann mit der Wahl Kleons zum Feldherrn (581 ff.) nicht, wie Tenf. a 346 ff., b 551, Kock E. 31 ff., Weyl. 13 wollen, die thrakische Expedition i. J. 422 gemeint sein, auf der Kleon fiel, weil sonst das Epirrhema zerstückelt wäre, „eine Flickerei, wo ein Lappen dem andern widerspräche" (Göttl. 16 A. 2): ὦ σοφώτατοι[11] θεαταί (575) XI, 591 ff. — Kleon lebend gedacht — erste Hälfte des Jahres

---

[8]) Man vergl. die Stelle Fried. 739 ff. (πρῶτον μὲν γὰρ τοῖς ἀντιπάλοις μόνος ἀνθρώπων κατέπαυσεν . .), die in ähnlicher Weise, z. T. mit denselben Ausdrücken, gegen die Nebenbuhler loszieht. Ein Scholiast merkt an: πῶς δὲ φησιν εἰς Κρατῖνον αἰνίττεσθαι ὡς τοιαῦτα ποιοῦντα δράματα. Wie scharf Kratinos ins Zeug ging, ist aus Mein. Hist. crit. S. 54, Schol. Wo. 296, Mein. S. 46 ff. zu ersehen: οἱ γὰρ ὥσπερ ὁ Ἀγοραῖ πάντες ἐπιγίγνει τὴν χάριν τοῖς σκώμμασι ποιεῖ (S. 50).

[9]) So schon Esser S. 43 ff. Vgl. Enger S. 13, Ritter S. 453 ff., Kock z. V. 538.

[10]) Daran stossen sich Büch. 675 und Tenf. c 226. Beide schliessen aus der Kürze auf Streichungen als Ausgleich für die neue (?) Streitscene. Göttling (S. 24 f.) scheidet die eigentliche Parabase als Prologos aus und versetzt das Epirrhema 1115 ff. dorthin.

[11]) Kock z. d. St. meint, „ebenso gut in den zweiten (585) wie in den ersten Wolken", aber das οὕτω

422, dazu die Parabase i. e. S. frühestens 419. Der Scholiast zu 592 hat's freilich so aufgefasst: δῆλον οὖν ὅτι κατὰ πολλοὺς τοὺς χρόνους διασκεύασε τὸ δρᾶμα. Umgekehrt, wie Teuf. b 551 thut, kann man aus der Thatsache, dass der Dichter in N II „Zeitbestimmungen, . . die durch den Tod des Angegriffenen sogar widerlich geworden waren", nicht durch andere ersetzte, den Schluss ziehen, dass er sein Stück, von der Rechtfertigung in der eigentl. Par. abgesehen, intakt gelassen hat. Mit diesem Angriffe auf Kleon stehen die Verse 549 f., wo der Dichter sich rühmt, den Kleon nach den Rittern in Ruhe gelassen zu haben, so wenig in Widerspruch, als wenn er dem Hyperbolos gelegentlich einen Hieb versetzt (623 f. 876. 1065), obschon er sich ausdrücklich in Gegensatz zu den Eupolis u. a. gesetzt hat, die alle über den Mann hergefallen. Weylands Ausführungen (S. 19 ff.), wonach ein Angriff auf Kleon in N I nicht habe stehen können, sind nicht überzeugend. Auf Grund einer Stelle in den Wespen (1284—91) sucht er, einer Vermutung Droysens folgend, zu beweisen, dass A. in N I dem Kleon ein wenig nach dem Munde geredet habe (Wesp. 1290 ταῦτα κατιδὼν ὑπό τι μικρὸν ἐπιθήκισα) infolge unangenehmer Erfahrungen. Die Voraussetzung ist dabei, dass der Angriff in den Rittern den Anlass gegeben habe zu dem Κλέων μ' ἐπιτάραττεν ἐπικείμενος καί με κακίαις[12] ἔκνισεν. Wenn auch zugegeben werden muss, dass nicht wohl an die Misshandlung gedacht werden kann, die der Schauspieler Kallistratos, durch den A. die Babylonier i. J. 426 auf die Bühne brachte, ob der Angriffe auf Kleon erfuhr, so steht doch auch der andern Annahme, dass der Dichter infolge seines Angriffs in den Rittern von Kleon einen Denkzettel bekommen und drum in N I hübsch den Mund gehalten habe, der Vers 550 (κούκ ἐτόλμησ' αὖθις ἐπεμπηδῆσ' αὐτῷ κειμένῳ) hindernd im Wege. Nach Weyland zwar soll der Vers seine Ansicht stützen, insofern der Dichter den Kleon nach den Rittern, also in N I, in Ruhe gelassen und erst wieder angegriffen habe, als jener durch seine Kriegführung in Thrakien Unheil über Athen zu bringen drohte. Damit wird aber doch dem οὐκ ἐτόλμησ' ich gewann es nicht über mich) αὖθις ἐπεμπηδῆσ' αὐτῷ κειμένῳ ein anderer Beweggrund untergeschoben, als der Zusammenhang ergiebt, der besagt, dass der Dichter stets neue Ideen zur Darstellung bringen, sich nicht selbst kopieren wolle und drum nicht mehr auf dem Kleon herumreite, aber nicht deshalb, weil er besiegt am Boden lag „quamdiu vir victus iacebat"). Weyland betont das κειμένῳ zu sehr, während mir trotz des vorhergehenden μέγιστον ὄντα das Hauptgewicht auf οὐκ αὖθις zu liegen scheint. Es liegt auch ein gewisser Widerspruch darin, dass der Dichter einmal infolge der Rache, die Kleon geübt habe, in N I nichts Feindseliges gegen diesen unternommen und dann, weil derselbe besiegt am Boden gelegen. — Wäre der thrakische Feldzug gemeint, so würde man auch V. 587 etwa ein αὖθις zu dem ἀλλ' ὅπως εἴσεσθε τοῦτον erwarten (Göttl. a. a. O.), oder bei dem ἦν Κλέωνα τὸν λάρον ὁδῶραν ἕλωσι καὶ κλοπῆς εἶτα φιμώσητε[13] (591 f. einen Zusatz ‚ruft ihn zurück aus Thrakien' oder ‚nach seiner Rückkehr' (Büch. 660). Zu einer γραφὴ δώρων καὶ κλοπῆς möchte zudem, wie derselbe Gelehrte bemerkt, gerade jene Expedition ungeheuer wenig Stoff liefern können. — Es bleibt somit der Zug nach Pylos übrig; für diese Annahme spricht das

---

σοφοῖς (535) geht ja gar nicht auf N II, sondern auf N I. Gesucht Weyl. (S. 15): „poetam . . respexisse ad eos, qui iustis animis omnes carminum facetias imbibere valerent."
[12] Müller-Ströb. Arist. S. 609 A vermutet mit Beziehung auf die angedrohte γραφὴ ἀστρατείας (?): κακίας (Gen.) ἔκνισε = ἐγράψατο, ἐδίωξε.
[13] Naber (S. 315) nimmt an, die ganze Angabe betr. Unterschleif sei lediglich Verleumdung, sei doch selbst ein Sokrates den Angriffen des bissigen Dichters (mordacis poetae cavillationes) nicht entgangen. Ähnlich will Weyland (S. 21 ff.) die Verse erklären ‚revocate Cleonem omni modo licet causa veri dissimili adiecta' . . .‚si Cleonem quanlibet ab causam satis gravem ab illo bello revocaveritis, ut antea ita nunc quoque peccatum vestrum vel usui vobis erit.‘ Die Angabe lautet aber doch zu bestimmt.

πρῶτα μὲν χαίρειν Ἀθηναῖοι καὶ τοῖς ξυμμάχοις (609) im Anfange des Antepirrhema mit seiner Anspielung auf Kleons Depesche nach dem glücklich beendeten Feldzuge auf Sphakteria. Dieser spöttische Hinweis war um so wirkungsvoller, wenn gerade vorher im Epirrhema von dieser Strategie die Rede war (Göttling a. a. O.). Anderseits lässt sich nicht leugnen, dass nach dem unerwartet glücklichen Ausgange desselben etwa vorher eingetretene δυσημία -- in 584 ff. liegt komische Übertreibung vor (Teuf. a 346 f., Büch. 661) — nicht mehr als unglückliche Vorzeichen gedeutet werden konnten (Kock E. 33; auch Sauerw. S. 29). Das hat Büch. ·S. 659 ff.), dem sich Witten (S. 11) anschliesst, zur Annahme einer dritten Strategie geführt, die vom Sommer 424 bis März 423 gedauert habe; der Geschäftskreis eines Strategen in der Stadt mochte zu einer γραφὴ ἢ δῶρον mehr als eine Handhabe bieten. Freilich wird damit jede Beziehung des εἶτα τὸν θεοῖσιν ἐχθρὸν βυρσοδέψην Παφλαγόνα .. (581 ff.) zum vorhergehenden ἦν γὰρ ᾗ τις ἔξοδος μηδενὶ ξὺν τῷ (579 f.) gelöst: es wird dann durch εἶτα ein neuer, zweiter Beweis des ηρούμεν ἡμᾶς (579; hinzugefügt, die Wahl Kleons zum Feldherrn hat mit jener ἔξοδος nichts zu thun. Das εἶτα mit Ernesti (vgl. Weyl. 11) im Sinne von , verbi, exempli causa· zu nehmen, geht nicht an, es heisst , dann, ferner· und fügt etwas Neues hinzu. Unter dem ἦν γὰρ ᾗ τις ἔξοδος μηδενὶ ξὺν τῷ kann nur die Expedition nach Pylos verstanden werden. Beides ist festzuhalten. Nun erklärt der Dichter (587 ff.), dass die Götter die δυσβουλία der Athener zum Guten ausschlagen lassen. Das ὡς δὲ καὶ τοῦτο (die Wahl Kleons zum Feldherrn) ξυνοίσει (590) weist darauf hin, dass bereits etwas anderes mit Hülfe der Götter zum Segen für die Stadt ausgeschlagen ist. Das ist aber eben jene Expedition nach Pylos, die, nach des Dichters Überzeugung μηδενὶ ξὺν τῷ unternommen, nur durch eine höhere Macht so gut abgelaufen ist. Er konnte daher mit vollem Recht, trotz des glücklichen Erfolges, mit Bezug darauf sagen τότ᾿ ἢ βροντῶμεν ἢ ψακάζομεν (Prs.), absichtlich ganz allgemein gehalten (τις); die Bedenken Weylands (S. 10 A. 35) teile ich nicht. Dass der Dichter sich nicht länger bei diesem Beispiele der δυσβουλία aufhält, kann nicht auffallend erscheinen. Nun kommt das neue Beispiel (εἶτα). Hier wird man, im Sinne Büchelers, an eine dritte Strategie Kleons zu denken haben. Sauerwein (S. 29 f.), der nicht ungeschickt, besonders durch Betonung des καὶ τοῦτο, den Zusammenhang dargelegt hat, nimmt, ähnlich wie Bücheler, ein städtisches Amt an: „Cleo inde ab anno 426 publicis reditibus praefectus erat, ut peculatum facere facile posset (Curtius, hist. Gr. II, 396) Quid? nonne istud imperium patriam pessumdaturum esse coicere licet poetam censuisse? Quod munus cum maximam ad omnes Atheniensium res gerendas exerceret vim auctoritatemque (cf. Curtium, ibid. 188), haud scio an v. 587 a poeta intellegatur." An dies Amt zu denken, verbietet sich wohl wegen des Ausdrucks στρατηγόν (582). Nehmen wir aber eine Strategie im Sinne Büchelers an, so war in Verbindung mit jener andern Funktion uns so mehr dem Betruge und Unterschleif Thür und Thor geöffnet. — Unsere Auffassung der Verse 579 ff. würde somit den verschiedenen Forderungen gerecht werden und eine Vermittelung der Ansichten Fritzsche (G. Herm., Göttl. Nab.) [579 f. Pylos] -- Bücheler [3. Strategie in der Stadt] — Sauerwein [Verwalter der öffentlichen Einkünfte] darstellen. Damit aber gehört das Epirrhema N I an.

Das Antepirrhema enthält nichts, was seine Zugehörigkeit zu N I in Frage stellte. Das ἀνθ᾿ ὧν ἴσχων Ὑπέρβολος ἧτις ἐρούρημωσιν ... τὸν στέφανον ἀφηρέθη (623 ff.) lässt sich nicht näher bestimmen; Bücheler ·S. 658) sieht in dieser Amtsentsetzung die λαβή. von welcher Vers 551 spricht. Witten (S. 11 f.) führt aus, dass die Änderung im Kalender (V. 615 ff. von Meton i. J. 432 eingeführt, aber wahrscheinlich (Ideler Chronol. I, 326) nicht vor 421 angenommen worden sei: ferner, dass mit einer gewissen Wahrscheinlichkeit (Meineke hist. crit. com. Gr. 193) die Amtsentsetzung des Hyperbolos ins Jahr 116 falle. Seine Schlussfolgerung .Ex quo sequitur, ut neque Fritzschio neque Köchlyo hos ultimos vv. priori editioni attribuentibus fidem habeamus, sed eos in retractatione demum huc insertos esse credamus' ist nach dem ‚verisimile est' ‚cum quadam veri similitudine' unberechtigt. Vielmehr scheint mir mit Bücheler (S. 659) der Standpunkt der Kritik geboten, die einzelnen Particen X I zuzuschreiben, so lange nicht das Gegenteil erwiesen wird. Ergebnis: Es liegt kein Grund vor, die beiden Epirrhemata und das Antepirrhema XI abzusprechen.

b. Der Zweikampf der Logoi (889—1104).

An den σόφιφον und καταζέφον der Schmansbrüder erinnern in der Streitscene einzelne Ausdrücke, so σοφφωτῖν (1060 f. 1071), σόφφον (1026), σοφφοσύνη (962), in Beziehung auf den Dikaios gesagt, καταζέφον (909), καταζεφοσύνη (1023), in Beziehung auf den Adikos gesagt. Dass der Inhalt sich berührte, ward oben (S. 5 f. gesagt. Es fragt sich nun: Hat der Zweikampf der Logoi, so wie er in der Wolkenkomödie überliefert ist, in dem aufgeführten Stücke stehen können? Wir betrachten die Scene als in sich vollendet. Kurz sei erwähnt, dass Brentano durch seine Hyperkritik auch in der Logoiscene Widersprüche hat entdecken wollen. Er vertieft die Ansicht, dass uns in den überlieferten Wolken weder X I noch X II, sondern X III vorliegen (S. 32. 36 ff. 63. 87 ff. 99 f.), in nachalexandrinischer Zeit von einem Byzantiner verfasst [14]. Wie er sich die Thätigkeit dieses Mannes gedacht hat, mag aus dem erhellen, was er S. 100 sagt: „Wer bürgt uns denn dafür, dass der Bearbeiter sich auf eine Zusammenschmelzung jener beiden Wolkenkomödien beschränkte und nicht vielmehr auch von anderwärts her aus der grossen Zahl aristophanischer und nicht aristophanischer Komödien ähnlichen Inhalts eine oder die andere Stelle entlehnt habe? Fürwahr, der Nichtswürdige, welcher mit kalter Teufelsfaust jene unsterblichen Kunstwerke des griechischen Dichters zertrümmerte, um Material für sein elendes Machwerk zu gewinnen, er mochte wohl auch vor dem kleinen Diebstahl aus andern Stücken nicht zurückschrecken." Also Brent. sicht in V. 991 und 1038—1042 Interpolationen, in der ganzen Scene „eine Verwebung und Zusammenfliekung zweier Themata" (S. 104), nebeneinander „Debatte über ein echt eristisches Problem und Exposition zweier verschiedener pädagogischer Systeme", zweierlei Arten der Euryproktie, „die eine auf der Raphanidosis, die andere auf der Kinaideia beruhend" (S. 101 ff., er fasst ins Auge. „ob nicht etwa der Bearbeiter diese Glanzstelle der Daitaleis gerade da in sein Wolkenmachwerk eingefügt habe, wo in den II. Wolken die eristische Debatte des Kreitton und Hetton ihren Anfang nahm" (S. 106).

Die Streitscene war zur Aufführung bestimmt: τοῖς θεαταῖς (890), ἐν τοῖς πολλοῖσι (892), διὰ τουτουὶ τοῖς ἀνοίπτους.. σοφοῖς (897 ff.), τῶν θεατῶν (1095), κάκιστοι καὶ τὸν κομίζην τουτονὶ (1100 f.) vom Publikum, ἐνθάδε (955), von der Bühne gesagt. Eine Aufführung ist aber nur möglich gewesen, wenn wenigstens vor, vielleicht auch nach der Streitscene, der Chor zu Wort kam: im Rav. findet sich vor 889 die Überschrift ΧΟΡΟΣ, in einer Cambridger Hs. ΧΟΡΟΥ. Nehmen wir an, diese Partie sei verloren gegangen, wie das z. B. im Agamemnon mit einem Chorlied der Fall ist. — Um nun obige Frage in bejahendem Sinne zu beantworten, haben wir dreierlei zu beweisen:

α) dass die Scene für den dramatischen Bau ihre Bedeutung hat;

β) dass sie in vernünftigem Zusammenhange mit der Umgebung steht;

γ) dass eine Aufführung mit drei Schauspielern möglich war.

[14] Wir werden bei der Betrachtung der Hypotheseis sehen, dass er von einer falschen Voraussetzung ausgeht.

α) Bedeutung der Scene für den Aufbau des Dramas.

Das Ergebnis des Kampfes ist die Besiegung des Logos Dikaios durch den Adikos. Nach dem ὅπως ἂν ἀκούσας σφῷν ἀντιλεγόντοιν κρίνας ϕοιτᾷ (937 f.) erwarten wir eine Entscheidung des Pheidippides, welcher Logos für seinen Unterricht ϕοιτᾷ) massgebend sein soll. Fällt sie im Sinne des Adikos aus, so ist das nach Aristophanes identisch mit der Schule des Sokrates (vgl. Gehring 16, Böhr. 22 f.). Pheidippides lernt in der Streitscene nicht das λέγειν und was dazu gehört — dafür ist die Schule da —, sondern die wahre Bedeutung, das Wesen des λόγος ἄδικος oder ἥττων [15]. Bei dem αὐτὸς μαθήσεται παρ᾽ αὐτοῖν τοῖν λόγοιν (886) des Sokrates ist nicht mit Ritter (S. 452) als Objekt zu setzen „das Erforderliche", „alle Kunstgriffe und Schliche des unrechten Redners", dann freilich wäre jede weitere Unterweisung von Seiten des Sokrates überflüssig gewesen, sondern aus den Worten des Strepsiades (882 f.) [16] ὅπως δ᾽ ἐκεῖνω τὼ λόγω μαθήσεται, τὸν κρείττον᾽, ὅστις ἐστί, καὶ τὸν ἥττονα ist ein οὗτός εἰμιν zu ergänzen. Pheidippides lernt nun den Adikos in seiner ganzen sittlichen Verworfenheit kennen. Mit ἥττημεθα (1103) erklärt sich der Dikaios besiegt. Nach seiner Antwort σηήσομαι auf die Frage τί δῆτ᾽ ἐρεῖς. ἦν τοῦτο τιχηθῇς ἐμοῦ; (1087 f.) genügt das ἥττήμεθα durchaus. Und nun erfolgt die Entscheidung des Pheidippides [17]: ὦ ϕιλούμενοι, πρὸς τῶν θεῶν, δέξασθέ μου θοἰμάτιον, ὡς ἐξαυτομολῶ πρὸς ὑμᾶς (1103 f.). Der Sieg des Adikos ist programmmässig, er ist die Voraussetzung des weiteren Unterrichtes; so genügt das eine Wort. Aber unbedingt müssen wir wissen, wie sich Pheidippides zu diesem Siege stellt. Darin hat Köchly (S. 428) gegen Fritzsche (1, 11 A. 2) Recht. Nach dem ἥττήμεθα treten der Dikaios, vernichtet, und der Adikos, triumphierend, ab. Pheidippides wendet sich mit jenen Worten an die vom Adikos zuletzt verherrlichten εὐρύπρωκτοι im Publikum; das δέξασθέ μου θοἰμάτιον ist in dem Sinne zu nehmen, wie καταθοῦ θοἰμάτιον (497, 500), καταπτηχόντικα θοἰμάτιον (856), als eine Art Vorhonorar für Unterricht (Göttling 27 f., der aber, wie alle andern, die Worte dem Dikaios in den Mund legt). Mit Freuden hat der leichtlebige Pheidippides von dem üppigen Genussleben in des Adikos Sinne gehört, er ist mit ganzer Seele dabei, in solcher Schule will er sein Heil versuchen. Jetzt fehlt auch der Streitscene nicht die von Teuffel (a 333 f.) vermisste „Zuspitzung zu einem praktischen Ergebnis". Was sollen überhaupt die Worte im Munde des Dikaios besagen? Was heisst's, „um schneller laufen zu können, wirft er sein Oberkleid ab" (Koek)? Indem sich Pheidippides den ϕιλούμενοι in die Arme wirft, indem er in ihr Lager läuft — ὡς begründend, ἐξαυτομολῶ in allgemeinerm Sinne, gleich ,davon laufen' vgl. Pape Lex. —, spricht er sich für die Schule des Sokrates aus, in der der Logos Adikos nach des Dichters Auffassung das Regiment führt. Jubelnd hat er die Erklärung abgegeben. Man stosse sich nicht daran, dass er bald darauf (1112) die Worte spricht: ὀχνῶν μὲν οὖν, οἶμαί γε [Fritzsche (1884) S. 8: ἐνῴδα] καὶ κακοδαίμονα. Die begeisterte Stimmung vorhin bei des Adikos glänzender Schilderung hat einer merklich kühleren bei dem wenig verlockend klingenden δίδασκε

---

[15] Beide Bezeichnungen identificiert der Dichter: ἥττων vom Adikos 893, 1038; ebenso κρείττων vom Dikaios 894 f. 990. Auch sonst gehen beide Bezeichnungen neben einander her: 244 f. (dem Sinne nach), 657. 1148 ἄδικος (ἀδικώτατος); 112 ff. 882 ff. 1337. 1444 f. ἥττων.

[16] Im Munde des Strepsiades hat's freilich den Sinn wie 112 ff. „wer immer er ist", aber Sokrates hört die Frage nach dem Wesen der Logoi heraus.

[17] Das Scholion z. V. 1103 legt diese Auffassung nahe. Aus Fritzsche Rost. 1884 S. 5 ersehe ich, was meine Annahme bestätigt, dass des Pheidippides Namen 6 mal vor ὁ ϕιλούμενοι, 5 mal vor πρὸς τῶν θεῶν in den codd. steht. Fritzsches Zusatz ,inepte quidem' ist freilich zu ändern in ,recte quidem'.

καὶ κόλαζε 1107) des Alten Platz gemacht; auch mag ihm das Wort des Dikaios nun vorschwe-
ben, wo er als Folge der Erziehung im Sinne des Gegners χρωὰν ὠχρὰν (1016, in Aussicht stellte.
Der Vers 1112 ist jedenfalls mit Teuffel (a 338) dem Pheidippides zuzuweisen. Ihm liegt die Sorge
für seine roten Backen, sein gesundes Aussehen besonders am Herzen (vgl. 103. 119 f.). Freilich
klagt auch Strepsiades 718 φροῦδη χροιά, wo Bücheler (S. 672) meint, diese Klage gezieme dem
Sohne, nicht dem Vater. Aber dieser sagt doch auch 504, als ihm ein Aussehen à la Chairephon
in Aussicht gestellt wird, entsetzt: οἴμοι κακοδαίμων, ἡμιθνὴς γενήσομαι. Übrigens würde, auch wenn
504 nicht von Strepsiades gesprochen wäre — Bücheler schreibt die Verse 496—510 einer Abänderung des Planes zu — das φροῦδη χροιά im Munde des Alten ebensowenig auffallen gegenüber der
Freude, die er nachher beim Anblick eben dieser blassen Farbe seines Sohnes empfindet: V. 1171
ὡς ἥδομαί σου πρῶτα τὴν χροιὰν ἰδών — hat der Junge doch jetzt das heissersehnte Ziel erreicht.
— als wenn er einmal trotz seiner Abneigung gegen die ἱππικὴ beim Rossegott Poseidon schwört
oder, nachdem er die alten Götter abgethan, doch mal νὴ Δία sagt, oder den Zeus regnen lässt
(1279 f.). Das φροῦδα τὰ χρήματα (718) kommt ganz gewiss dem knauserigen Vater mehr zu als
dem verschwenderischen Sohn (vgl. 12 ff. 18 ff. 35. 107 f. 240 ff. 437 ff. 738 f. 747. 754 f. 1031 ff.
1155 ff. gegen 837 f. (14 f.) 1401. 25. 28. 32. 124. 243 u. s. w.). — Ich kehre nach dieser Abschweifung zu meiner Aufgabe zurück. Pheidippides tritt in die Schule des Sokrates ein, er lernt
mit solchem Erfolge, dass er nachher dem alten Strepsiades beweist, die Prügel, mit denen er den
Alten bedacht, seien ganz in der Ordnung. Wusste der Alte, welcher Geist in jener Schule herrschte?
Kannte er die sittliche Verworfenheit, wie sie sich in den Ausführungen des Adikos kund gab, hatte
er somit, als er seinen Sohn jener Schule übergab, die Verantwortung für die Folgen übernommen
und sein jetziges Missgeschick selbst heraufbeschworen? Dem verschuldeten Alten war's darum zu
thun, die Gläubiger zu prellen (434. 739. 1151). Um diesen Zweck zu erreichen, war ihm jedes
Mittel recht. Er hatte von den beiden Logoi in der Schule des Sokrates gehört, von denen der
ἥττων den Sieg davontrage (114 f. 882 ff.). Er will den Unrechtslogos lernen (657), den nichts zah-
lenden (245). Und so soll auch der Sohn alle beide Logoi lernen (882) oder doch wenigstens den
Unrechtslogos (885), jedenfalls soll der Junge demnächst imstande sein, gegen alles, was recht und
billig ist, zu sprechen (887 f.). Was er im übrigen sich unter den Logoi denken soll, ist dem Alten
völlig unklar; schon das „on dit" 112, das ὅστις ἐστί 113. 883 besagt's. Die Verworfenheit des Adikos zumal tritt erst in der Streitscene zu Tage. Soll nun der Alte für seinen Entschluss voll verantwortlich sein, dann muss er gleich seinem Sohne sich dort in der Streitscene Klarheit verschafft
haben, oder mit andern Worten: Strepsiades war bei der Streitscene zugegen! Denn
darin wird niemand Teuffel (a 336) beipflichten können, dass das „eher eine grössere Verwirrung
der Begriffe und Trübung des Urteils bei dem Alten habe bewirken müssen, also im Gegenteile eine
Abnahme der Zurechnungsfähigkeit". Von den Logoi wird die alte und die neue Erziehung vor
Augen geführt: dort ehrbares Verhalten der Kinder in Schule, Palästra, Strasse und Haus, Beschei-
denheit bei Tisch, Erlernen einfacher Weisen, Abhärtung des Körpers, kraftstrotzende Gesundheit,
das Geschlecht der ruhmreichen Marathonskämpfer — hier der Adikos als frecher Geselle, der
keine Scham kennt, keine Ehrerbietung, ein elender Maulheld, der alle sittlichen Begriffe verwirrt,
die Jugend verweichlicht, so dass ein bleiches, schwindsüchtiges Geschlecht die Folge ist. Unheil
und Wahnsinn wird sein Treiben genannt. Freilich ein Urteil aus Gegners Mund, aber bestätigt es
nicht der Adikos vollauf? Er leugnet jegliches Recht, mehr denn 10000 Stateren sei es wert, trotz
der schlechten Gründe obzusiegen; kein grösseres Übel als Nichtredenkönnen und Anständigsein;
sein Ideal die Schlechtigkeit, durch die man Grosses erreiche; des Menschen Recht, den natürlichen

Trieben zu folgen und nichts für schimpflich zu halten; auch aus den misslichsten Lagen hilft die Redekunst heraus: selbst die grössten Gemeinheiten werden gepriesen — Kann ein solches Bild, wie es hier entworfen wird, eine Verwirrung der Begriffe bewirken? Gewiss nicht. Wer solchem Rate folgt, weiss, dass er die Bahn des Schlechten betreten hat. War der Alte bei diesen Ausführungen zugegen, dann wusste er genau, welchen Charakter die Schule trug, in die er den Sohn zu thun willens war [18]. Dann, aber auch nur erst dann, war der Alte für die Folgen voll verantwortlich. Und nichts hindert diese Annahme, dass Strepsiades auf der Bühne geblieben, während Sokrates geht. Dieser erklärt mit dem αὐτὸς μαθήσεται παρ' αὐτῶν τῶν λόγων (886) lediglich, dass Pheidippides in Person unmittelbar von den Logoi lernen wird d. h. dass er allein nachher die Entscheidung zu treffen, der Alte dabei nicht drein zu reden hat. Mit dem ἐγὼ δ' ἀπίσομαι (887) begründet Sokrates seinen eigenen Weggang von der Bühne. Strepsiades sagt nichts dergleichen. Er hat doch das lebhafteste Interesse an der kommenden Entscheidung (irrig Göttl. 29). Was sollte er auch zu Hause thun? Das Honorar holen? Er hat es aber 1107 und auch 1146 f. noch nicht bei sich; da bringt er nur ἐπι-θαρμάζειν ein Douceur. Und wie könnte er nach Beendigung des Kampfes just im rechten Augenblicke eintreffen, um, wie wir sehen werden, endgültig das Geschäft mit Sokrates abzuschliessen? Gewiss hat der Alte den Jungen bereits 877 mit δίδαξε dem Meister übergeben wollen, aber Sokrates hat die endgültige Aufnahme in die Schule erst von der Entscheidung des Sohnes nach dem Streite der Logoi abhängig gemacht. Erst dann (1105 f.) kann es sich um die feste Abmachung — auch die Honorarfrage spielt eine Rolle — handeln, ob Pheidippides nun wirklich in des Sokrates Schule eintritt. Auf der Verwechselung des Streites der Logoi mit der Schule beruht daher Büchelers Irrtum, wenn er sagt (S. 674) „dass der Alte, nachdem er den Sohn in die Schule gebracht, sich entferne, darüber war jedes Wort verloren". Mit der Schlussmahnung τοῦτό νυν μέμνησο, ὅπως πρὸς πάντα τὰ δίκαι' ἀντιλέγων δυνήσεται (887 f.) kommt der Alte, der sich denken mag, dass der abgehende Sokrates drinnen die Logoi erst mit einer Instruktion versehe, auf seinen Herzenswunsch zurück. — Wie aber Strepsiades [19] erst so eigentlich verantwortlich wird und die Strafe, die ihn später trifft, dadurch eine wohlverdiente ist, so wird auch Sokrates, dessen Schule solches lehrte, wie es im Zweikampf zu Tage tritt, nun erst, wie Gehring (S. 16) richtig bemerkt, für die Folgen, die ihn treffen — Brandscene — verantwortlich. Beim Unterricht des Strepsiades (Teil 1: handelte es sich um verhältnismässig harmlose Dinge περὶ μέτρον, ῥυθμῶν, ἐπῶν, um Wolken, Blitz und Donner; dem τοῖς ἀποστερητικοῖς ward doch nur eine scherzhafte Behandlung zu teil — vom sittlichen Standpunkte aus mochten diese Dinge unverfänglich erscheinen. Wie anders im Streit der Logoi! Da zeigte sich der Geist, der nach des Dichters Darstellung in der Sokratischen Schule herrschte, in seiner ganzen Verwerflichkeit, und dafür ereilte ihn zum Schlusse die Strafe, freilich in höchst komischer Weise durch eben jenen Alten, der doch nach eigenstem Entschlusse gehandelt, aber nun den Sokrates für alles verantwortlich machte und das Werkzeug in der Hand der strafenden Gerechtigkeit ward. Also beide, Strepsiades und Sokrates, werden erst durch die Streitscene verantwortlich. Sie ist keineswegs, wie Köchly meint (S. 419) „hineingeschneit", sondern ein notwendiger Bestandteil des Dramas. Die Personificierung [20] der Logoi, um die sittlich bedenkliche Seite der Sokratischen Schule drastisch darstellen zu

---

[18]) So auch Beer S. 115.

[19]) Vgl. die Worte des Chors (1454 f.): αὐτὸς μὲν οὖν σαυτῷ σὺ τούτων αἴτιος, στρέψας σεαυτὸν εἰς πονηρὰ πράγματα.

[20]) Was soll man dazu sagen, wenn Brentano (S. 76) nach Verhältnis und Stellung der beiden Logoi

können, war der komischen Wirkung gewiss; vorbereitet war sie schon durch des Alten Worte 112 ff., 882 ff. Von einem schneidenden Widerspruche zwischen dieser Scene und allem, was sonst von der Lehrmethode des Sokrates vor- und nachher vorgeführt wird (Köchly) kann keine Rede sein. Wollte man die Scene ausscheiden und etwa auf 882 f. gleich die Antwort des Sokrates 1111 ἀμέλει, κομιεῖ τοῦτον σοφιστὴν δεξιόν folgen lassen, so würde man das Mittelglied zwischen 882 f. und 1148 f. vermissen. Dort ist noch von zwei Logoi die Rede, hier nur von dem einen Adikos. Nicht einmal das Festhalten des Verses 885 (ἐὰν δὲ μή, τὸν γοῦν ἄδικον πάσῃ τέχνῃ) würde bei der Bestimmtheit des τὸν λόγον ἐκεῖνον sel. ἄδικον 1148 f. genügen. Die Entscheidung des Sohnes für den Adikos liegt eben dazwischen, und diese ist das Resultat des Streites der Logoi, und der Alte weiss um dieses Resultat.

Werfen wir noch einen Blick auf die Prügelscene, wo der Alte den Lohn einheimst für sein Thun. Ihn selber trifft, was der Dikaios in der Streitscene als Folge der schlimmen Erziehung verkündet hat. Frech gesteht Pheidippides die That, dass er den Vater geschlagen (1325 f.), und mit denselben Worten zum Teil wird sein Thun von dem Alten gebrandmarkt (πατραλοῖα 1327 = 911), ὠναίσχυντε 1380 = 909). Gleich dem Adikos ist auch Pheidippides gegen Scheltworte abgestumpft (1329 ff. ähnlich 910 ff.). Und wie dort der Adikos (1079 f.) dem Ehebrecher rät: ἀντερεῖς πρὸς αὐτόν, ὡς οὐδὲν ἠδίκηκας, so beweist Pheidippides dem Alten ein Gleiches bezüglich des Prügelns (1331 f., 1377, 1405). Übermütig fordert er nach der Weise der Streitscene den Alten zum Zweikampf heraus und will ihm gar die Wahl des Logos überlassen (1336). Der Alte heuchelt freilich plötzlich Unkenntnis (ποῖον λόγον), aber er sieht mit Entsetzen die Saat aufgehn, die er gesäet (1338 ff., vgl. 888, 1040). Auch Pheidippides spricht von altfränkischem Zeug (1357 f. vgl. 908, 915, 929, 984 f. 1070); war's in der Streitscene die moderne Musik, für die sich der Adikos interessierte (966 ff.), so sind's hier die modernen Dichter, für die der Sohn eintritt (1361 ff.); ähnlich den Kunststückelchen des Adikos, der in sophistisch leichtfertiger Weise Namen (1045 ff.), Dichterstellen (1056 f.), Göttermythen (1079 ff.) zum Beweise heranzog, macht's der Sohn, indem er zeigt, dass die Greise doppelt Kinder seien und um so mehr der Prügel bedürften und heulen müssten, je weniger sie sich vergehen dürften (1415 ff.). So sehen wir die mannigfachsten Beziehungen zwischen der Prügelscene und dem Zweikampfe der Logoi [26], ein Beweis dafür, dass die Logoiscene von vornherein in N 1 vorhanden und für die Gestaltung der späteren Scenen von Einfluss war. — So viel über die Bedeutung der Streitscene für den Aufbau des Dramas.

β) Zusammenhang mit den umgebenden Partieen.

Ansichten über die Verbindung der Verse nach Wegfall der Streitscene.

Es lassen folgen:

		1105 ff.
Teuffel (a 341) und Bücheler (674)	auf 881	1107—1110. 882. 1111 ff.
Köchly (419 f.)		882. 1107—1110. 886—888. 1111 ff.
Kock (E. 45 f.)		
Ritter (452. 456)	auf 872 bezw. 877	1105 ff.

zu Sokrates fragt? „Waren sie seine Jünger oder seine Genossen oder gar seine Kostgänger? Nirgends erfahren wir eine Silbe über diesen Punkt."

[26] Das betont auch Brentano (S. 68 A. 1). Er weist aber diesen „verzogenen, vorlauten und rücksichtslosen Taugenichts" lediglich N II zu, während in N 1 ein „verständiger und gehorsamer Sohn war, der in ganz rücksichtsvoller Weise u. s. w." (S. 56. 68).

Letzterer fügt hinzu: „Bei Vollendung der Überarbeitung hätten die Verse 1105—1113 gestrichen werden sollen, auch 1131—1169 beseitigt werden müssen" und S. 458 A. 9: „Die ersten Herausgeber hätten eine Verbindung und selbst eine neue Aufführung des Stückes bewerkstelligen können, wenn sie nach 888 ein Chorlied hineingesetzt und nach 1104 die folgenden bis 1169 oder gar bis 1212 gestrichen hätten."

Es handelt sich um die Frage: Sind die Verse 882—888 einerseits, 1105—1112 anderseits Flickverse, entweder den N I entnommen oder bei der Herausgabe in der Notredaktion entstanden, um den „neuen" Kampf der Logoi mit den andern Teilen notdürftig zu verbinden? Vor allem: Wie ist τί δῆτα: πότερα τοῦτον ἀπάγεσθαι λαβὼν βούλει τὸν υἱόν, ἢ διδάσκω σοι λέγειν (1105 f.) zu erklären? Ferner: Ist zwischen der für die Unterweisung des Pheidippides 882 ff. (ὅπως δ' ἐκεῖνο τὸ λόγω μαθήσεται . . . τέχνη) gestellten Aufgabe einerseits, womit 1148 f. (εἰ μεμάθηκε τὸν λόγον ἐκεῖνον) im Einklange steht, und der 1107 ff. gestellten (δίδασκε καὶ κόλαζε καὶ μέμνησ' ὅπως εὖ μοι στομώσεις αὐτόν, ἐπὶ μὲν θάτερα οἷον δικιδίοις τὴν δ' ἑτέραν αὐτοῦ γνάθον στόμωσον οἷαν ἐς τὰ μείζω πράγματα) anderseits ein Unterschied derart zu konstatieren, dass beide Aufgaben mit einander unvereinbar sind?

Der Unterricht des Alten verläuft ergebnislos, der Sohn dagegen lernt zu Unrecht siegen und beweist die neuerlernte Kunst handgreiflich am Korpus des Alten. In dieser Verschiedenheit des Ergebnisses ist die Verschiedenheit der Behandlung beider Teile begründet. Dort (Teil I), wo der erzürnte Lehrer den Alten schliesslich nach Hause schickt 789 f. (οὐχ ἐς κόρακας ἀποφθερεῖ, ἐπιλησμότατον καὶ σκαιότατον γερόντων) musste der Unterricht die Richtigkeit jener Epitheta erweisen, er musste also, wenigstens zum Teil, vor den Augen des Publikums auf der Bühne erfolgen und die Unzulänglichkeit des Graukopfs für die Studien darthun. Hier dagegen (Teil II) sehen wir in der Prügelscene den Erfolg des Unterrichtes, es bedurfte keiner Unterweisung auf der Bühne, keiner Scene ähnlich der 627—790. So kann ich a priori Teuffel (a. 342 f.) und Bücheler 672) nicht zustimmen, die sich in N I eine Prüfung (wenigstens teilweise) auf der Bühne erfolgend denken. Das zum vollen Verständnis der Prügelscene Nötige hat der Dichter in geschickter Weise in den Vortrag der Logoi gelegt, ohne dass drum dieser den eigentlichen Unterricht ausmacht. Dieser erfolgt vielmehr hinter der Scene, während des Vortrags des Epirrhemas, durch Sokrates im Geiste des Adikos. Unter welchen Bedingungen lässt sich nun Sokrates auf den Unterricht ein? Nach den Worten des Alten (867) ἴσθ' · ἄγω γάρ σοι τὸν υἱὸν τουτονί muss dem Meister die Absicht, den Sohn zu bringen, bekannt sein. Sie einfach als bekannt vorauszusetzen (Teuf. a 333, Büch. 673), geht wohl nicht an. Sokrates kann sie nur 794 ff. erfahren haben, also ist er nicht nach 789 f. (s. o.) zornig ins Haus gestürmt. Er muss während des Gespräches zwischen Strepsiades und Chor auf der Bühne geblieben sein — oder aber die Thüre der Denkbude bleibt, als er hineinstürmt, offen stehen, so dass er jedes Wort hören kann. Das ἀλλ' ἐπανάμεινόν μ' ὀλίγον εἰσελθὼν χρόνον [20] (803) spricht für die letztere Annahme. Was nun das Chorlied (804 ff.) betrifft, so sollen die ersten Worte (ἆρ' αἰσθάνει πλεῖστα δι' ἡμᾶς ἀγάθ' αὐτίχ' ἕξων μόνας θεῶν, ὡς ἕτοιμος ὅδ' ἐστὶν ἅπαντα δρᾶν, ὅσ' ἂν κελεύῃς) offenbar beruhigend auf den erregten Sokrates wirken; sie sind aber anderseits so gehalten, dass sie (ὡς ἕτοιμος ὅδ' . . .) eine Art Anerkennung für den abziehenden Strepsiades, der noch in Hörweite ist, enthalten, ja er kann die Worte sogar, zum wenigsten die ersten, auf sich selbst beziehen. Jedenfalls waren sie nicht darnach angethan, den Alten irgendwie stutzig zu machen. Man

---

[20] Das αὐτίκα (805) scheint mit Beziehung auf das ὀλίγον 803, gesagt zu sein, und drum möchte ich nicht, wie Bücheler, den Vers als Wiederholung von 813 ausscheiden.

hat man bezüglich des ὅσ' ἂν κελεύῃς eingewandt, es falle doch Sokrates in seiner jetzigen Stimmung gewiss nicht ein, dem Alten etwas zu befehlen. Freilich nicht, der Chor will nur sagen: ‚Wie der Alte so willig seinen Sohn herholt, so ist er auch bereit alles zu thun, was du ihn heissest‘: was er damit meint, kommt dann, das Rupfen! Nun erst — Strepsiades ist inzwischen im Innern seines naheliegenden Hauses verschwunden — giebt der Chor den famosen Rat ἀπολάψεις, ὅτι πλεῖστον δύνασαι, ταχέως (811 f.). Mag auch Sokrates mit dem unfähigen alten Manne sich nicht weiter befassen wollen; dass dieser aber für den Unterricht seines Jungen tief in den Beutel greift, kann sich der Meister doch gefallen lassen. Teuffels Einwendungen (a 331) sind hinfällig, auch wenn er bezweifelt, dass Strepsiades in einer Stimmung sei, die bezeichnet wird (810) als ἐκπεπληγμένος καὶ φανερῶς ἐπηρμένος. Man darf das freilich nicht mit Koek (E. 52) übersetzen ‚ganz entzückt und erstaunt‘. Des Alten Stimmung sehen wir 791 f.: οἴμοι, τί οὖν δῆθ' ὁ κακοδαίμων πείσομαι: ἀπὸ γὰρ ὀλοῦμαι μὴ μαθὼν γλωττοστροφεῖν, und was ἐπαίρω heisst, lehrt uns 1457 ἀλλ' ἄνδρ' ἄγροικον καὶ γέροντ' ἐπῆρετε; der Mann ist ganz eingeschüchtert und sichtlich bethört, dass er alles Heil nur von dem Sophistenheim erwartet und sich zu allem bereit finden wird [23]. — Als der Sohn kommt, empfängt Sokrates ihn unwirsch. Der Junge ist ihm zu thöricht (σκαιότατος γάρ ἐστ' ἔτι 868), er tadelt seine schlechte Aussprache des κρέμαω [24]), er spricht ihm nahezu die Befähigung ab (πῶς ἂν μάθοι ποθ' οὗτος 874) zum Erlernen der Redefertigkeit, wobei der Meister den Mund recht voll nimmt (ἀπόφευξιν δίκης ἢ κλῆσιν ἢ χαύνωσιν ἀναπειστηρίαν). Wie kommt's, dass er den neuen Ankömmling, der kaum den Mund aufgethan hat, in ein so ungünstiges Licht setzt? Die Antwort ist: der Rat des Chors hat gewirkt. Sokrates will den Alten schröpfen. Daher erst die abfällige Kritik und dann — das unverschämt hohe Honorar, freilich die Forderung verblümt gestellt (καίτοι γε ταλάντου τοῦτ' ἔμαθεν Ὑπέρβολος 876). Betrachten wir in diesem Lichte des Meisters Urteil über die Fähigkeiten des Schülers, eben als Mittel zu dem genannten Zwecke, so werden wir uns nicht mehr über den (scheinbaren) Stimmungswechsel wundern, der sich in dem φράζει, κομιεῖ τοῦτον σοφιστὴν δεξιόν (1111) ausspricht, trotzdem dass der junge Mann inzwischen nur ein paar Worte gesprochen (ὁ φροόμεναι . . . 1103 f.). Eines freilich vorausgesetzt: das Geschäft muss inzwischen in einer den Lehrer befriedigenden Weise abgeschlossen worden sein. Vor der Streitscene geschieht das nicht. Der Alte gleitet zunächst über die Forderung hinweg und nimmt nur sein eigen Fleisch und Blut gegen den Vorwurf der Dummheit in Schutz: ἀμέλει, δίδασκε· θυμόσοφός ἐστιν φύσει . . . ὅπως δ' ἐκεῖνο τὼ λόγω μαθήσεται (877 ff.). Der Meister soll's nur mal getrost mit dem Jungen versuchen. Sokrates macht es von der Entscheidung des Schülers abhängig, und so folgt die Streitscene, an deren Schluss sich Pheidippides für die Schule des Sokrates entscheidet (vgl. o. S. 11). Wohl erwähnt man, als der eigentliche Unterricht beginnen soll, der Alte nochmals seine Prozesse, aber sie sind ihm δκόδα (1109) geworden, sie scheinen ihm nicht mehr so viel Sorge zu machen. Dass er, während er früher mehr die Gläubigernot betonte, die ihn hergeführt (434. 739. 244 f.), vor Beginn der Streitscene das Mittel zum Prellen der Gläubiger, das Erlernen des Logos Adikos betont, die Fähigkeit allem, was recht und billig, zu widersprechen (888) mochte nicht auffallend sein. Aber dies δκόδα! Und ein scheinbar Neues tritt auf: τὴν δ' ἑτέραν αὐτοῦ μᾶθον σπόμωσον ὅπως ἐς τὰ μείζω πράγματα (1109 f.). Haben die Wünsche des Alten eine Wandlung erfahren in der Richtung, dass „der Sohn mehr lernen soll als der Vater sich zugetraut hat" (Kähler)? Aber wozu das? Er will doch nur

---

[23]) Das οὖ (810) ist durch den Gegensatz zu ὧδε (808) hervorgerufen.

[24]) In des Pheidippides frech witzlger Bemerkung αὐτὸς τρίβων τὴς ἂν, εἰ κρέμαω γε bedeutet das τρίβων ‚erfahren', dasselbe wie in καὶ τῶν κρεμαθρῶν οὕτω τρίβων τῶν ἐνθάδε (869).

von den drängenden Manichäern befreit sein. Ganz ausdrücklich hat er das früher betont μὴ 'μοί γε λέγειν γνώμας μεγάλας· οὐ γὰρ τούτων ἐπιθυμῶ, ἀλλ᾽ ὅσ᾽ ἐμαυτῷ στρεψοδικῆσαι καὶ τοὺς χρήστας διολισθεῖν (433 f.). Und zudem soll ja der Junge demnächst weiter tollen, wie ihm der Alte versprochen (Εἰάμησθι 861). Was soll da bedeuten, „zu grösseren Staatsgeschäften" (Kock E. 44`, „für die grossen Fragen" (Teuffel a 334), „für grosse Angelegenheiten" (ebd. 341)? Eher könnte man denken, dass dem Alten, der der Streitscene beigewohnt hat, das ganze Auftreten des Adikos imponiert hat, dass gegenüber solchen „höhern Dingen" ihm in der ersten Begeisterung seine Processe als Nebensache erscheinen. Indes ich möchte einer andern Deutung den Vorzug geben. Schon das πρὸς πάντα τὰ δίκαι᾽ ἀντιλέγειν δυνήσεται (888) — vor der Streitscene — macht den Eindruck, als ob dem Strepsiades etwas Neues in den Sinn gekommen sei. Der Bauersmann — das ist ja der Alte von Hause aus (43 ff. 71 f. 138) — mag noch so beschränkt sein, wo es sich um's liebe Geld handelt, ist er pfiffig und schlau. Er hat des Sokrates unverschämte Forderung recht wohl gehört, er thut nur, als überhöre er sie. Lernen muss ja der Junge, mit Riesenschritten naht der erste des Monats! Was aber bedeuten gegenüber einem Talent = 60 Minen Honorar noch die 12 Minen für den Schecken (22 f. 1224 f.) und die 3 für den Wagen 31)? Der Kerl verlangt ja viermal so viel für den Unterricht! Sein Entschluss ist gefasst: der Lehrer wird einfach auch um sein Honorar geprellt! Zunächst heisst's freilich: nichts sich merken lassen, dass der Junge nur ja den Unterricht erhält. Der Meister mag sich dieserhalb keiner Sorge hingeben, hat ihm doch der Alte erklärt: μισθὸν δ᾽, ὄντιν᾽ ἂν πράττῃ μ᾽, ὀμούμαί σοι καταθήσειν τοὺς θεούς (245 f.). Aber das bindet ja den Mann nicht mehr, er hat gelernt, dass es keine Götter giebt, die den Meineid rächen (398 ff. 403; vgl. 1235. 1240 f.). So geht er scheinbar auf alles ein, aber was auf dem Grunde seiner Seele vorgeht, kann er doch nicht ganz verbergen; es verrät sich in dem πάντα (888) und in dem τὰ μείζω πράγματα (1110), wenn die Ausdrücke auch noch so allgemein gehalten sind. Er wird das Honorar nicht zahlen, und kommt's dieserhalb zum Process, nun, auch zu solch' grössern Schlägen soll der Meister Sokrates seinen Jungen mit dem nötigen Rüstzeug versehen. Dass der fernere Verlauf nichts darauf Bezügliches bringt, kann nicht auffallend erscheinen, bricht doch mittlerweile in der Prügelscene das Verderben über den Alten herein, und alles nimmt einen andern Verlauf, als sich's der Mann gedacht. Nirgends sehen wir den Strepsiades das Honorar bringen, 1146 f. — noch weiss der Vater nicht, ob der Junge die Redekunst erlernt hat — bringt er, um den Lehrer ganz sicher zu machen, damit er nicht noch etwas in die Quere lege, ein Douceur, aber keineswegs das Honorar, wie Brentano (S. 52. 73) und Schanz E. 9) meinen. So mag es auch nicht Zufall sein, dass der Alte, als er nach seinen schlimmen Erfahrungen mit dem Logos Adikos zum Glauben an die alten Götter zurückkehrt, zu allererst sich an den Hermes, den Beschützer von Lug und Trug, wendet und sich Rats holt, ob er gegen diese Sophisten eine Klage anstrengen soll, etwa um nicht nur das Honorar zu verweigern, sondern obendrein noch Schadenersatz zu verlangen. Eine Bildsäule des Gottes mag man sich dann immerhin nahe dem Hause des Alten denken.

Und nun die Frage des Sokrates — er, nicht der Adikos spricht die Worte 1105 f. 1110: Fr. I, 13, Teuf. a 337, Köchly 420 gegen Beer 116 — τί δῆτα; πότερα τοῦτον ἀπάγεσθαι λαβὼν βούλει τὸν υἱόν, ἢ διδάσκω σοι λέγειν; (1105 f.). Wir haben bereits auseinandergesetzt, dass Strepsiades auf der Bühne geblieben ist, dass Pheidippides sich für die Schule des Sokrates entschieden hat. Durch die Logoi über das Ergebnis in Kenntnis gesetzt [25]), erscheint

---

[25]) Über die Rollen weiter unten. Falls nicht der Ausfall eines Chorliedes nach 1104 anzunehmen, müsste nach dem ἡμισθα zunächst der Dikaios allein abziehen, dann, nachdem sich Pheidippides entschieden, der Adikos, der die Meldung ins Innere brächte.

Sokrates wieder auf der Bühne. Da die Bedingung erfüllt ist, ist er jetzt bereit, das Geschäft abzuschliessen. Er thut es mit jener Frage. Voraussetzung ist bei ihr, dass die Streitscene nicht den Unterricht selbst bedeutet und dass inzwischen die Entscheidung des Pheidippides erfolgt ist. Jetzt giebt Sokrates seine endgültige Zusage: zweiter Teil der Frage διδάσκω ουν λέγειν: Er dringt auf Erledigung (Krüger Spr. 69, 20). Das Bedenken (Fr. I, 13 und 1884 S. 7), τί δῆτα passe nicht, da es nur „in medio orationis cursu‟ gebraucht werde, ist hinfällig, da thatsächlich das 888 abgebrochene Gespräch hier fortgesetzt wird, und die Frage ist weder lächerlich (Fr. 1, 14) noch unbegreiflich und unpassend (Teuf. a 335). Dabei weiss sich Sokrates durch den ersten Teil der Doppelfrage (πότερα τοῦτον ἀπάγεσθαι λαβὼν βούλει τὸν υἱόν) den Anschein zu geben, als ob es ihm nicht sonderlich um den Unterricht zu thun sei. Zugleich liegt, wie auch Teuffel (a 314) bemerkt, eine leise Mahnung betr. die Honorarfrage (876) darin, ob denn auch Strepsiades zahlen wolle, sonst solle er nur seinen Sohn wieder mitnehmen. Wenn aber derselbe Gelehrte meint (S. 334. 341), in der Frage liege ein Zweifel ausgedrückt, ob es dem Strepsiades mit seiner Absicht auch wirklich Ernst sei: sie lasse vermuten, dass etwas vorausgegangen, worin die Fähigkeit des Pheidippides in ein zweifelhaftes Licht gerückt worden sei — das sei 874 f. der Fall —: wenn Teuffel nun drum 1105 ff. auf 881 folgen lässt, so ist doch dem gegenüber zu bemerken, dass der Alte den Lehrer wegen dieses Bedenkens beruhigt hat (877 ff.). Entweder müsste diese beruhigende Versicherung, der Junge habe stets gute Anlagen gezeigt, gestrichen werden, so dass 1105 sich an 876 anreihte (vgl. Tab. S. 14), oder es war vor 1105 f. eine Bemerkung nötig, dass für Sokrates des Alten Urteil nicht massgebend sein könne. Im letztern Falle aber würde man im Munde des Strepsiades die Frage erwarten: Willst du nicht doch einen Versuch machen und den Jungen reden lehren? Dazu aber stimmt das Folgende nicht, das eine Frage des Sokrates zur Voraussetzung hat. Auch das χόλαζε findet bei Ausscheidung der Kampfesscene keine rechte Erklärung. Angenommen, Pheidippides fasse des Sokrates Worte καὶ τῶν κριμαίθων οὗπω τρίβων τῶν ἐνθάδι 869) so auf, als kämen in des Meisters Schule recht drastische Mittel zur Anwendung (Teuf. a 341), so konnte doch Strepsiades nach seiner Kenntnis der κριμάθρα (218 ff. 225. 227 ff.) die Worte nicht so verstehen und also auch nicht sein χόλαζε im Hinblick auf jene Worte anwenden. Überhaupt passt das χόλαζε in dem vorgeschlagenen Zusammenhange nicht. Wenn Strepsiades des Lehrers Bedenken, die Unfähigkeit des Schülers betr., mit ἀμέλει, δίδασκε u. s. w. heben will, dann darf er doch nicht in einem Atem mit ἀμέλει καὶ χόλαζε kommen und so die gute Wirkung seiner soeben gesprochenen beruhigenden Worte wieder abschwächen oder aufheben: „ohne ordentliche Prügel freilich geht's nicht ab‟. Oder aber — und das nimmt Bücheler (S. 672) an, dem sich Weyland (S. 29. 35. 36) anschliesst — nicht die Unfähigkeit, sondern die Unlust des Schülers war vorher betont. In dem überlieferten Texte finden wir aber nichts dergleichen, wenigstens seit Pheidippides, wenn auch widerstrebend, sich entschlossen hat mitzugehen (865). Bücheler nimmt drum an, dass der Lehrer sich durch eine eingehendere Prüfung in Gegenwart des Alten über die Anlagen des Jungen Gewissheit zu verschaffen suchte und dann, weil dem Burschen weniger Talent als guter Wille fehlte, dem Vater anheimstellte, ob er den Sohn wegnehmen oder zum Unterrichte da lassen wolle. Gewiss, aber jene eingehendere Prüfung ist nicht da. Unter der Voraussetzung dagegen, dass die Streitscene N I bereits angehörte, findet auch das χόλαζε seine genügende Erklärung. Vor der Streitscene, wo es noch galt, den Lehrer zu gewinnen, war ein χόλαζε nicht am Platze (877); nach der Streitscene dagegen, nachdem inzwischen (1105 f.) der Lehrer sich bereit erklärt hat, kann der Alte getrost eine kräftigere Sprache führen (1107), wie eine solche wohl auch in dem πρᾶθόν στόμωσον zu sehen sein wird (freilich an dem geprügelten Alten geht's in anderm Sinne in Erfüllung (1324 ὅμοι κακοδαί-

μων τῆς κεφαλῆς καὶ τῆς γνώμης). Strepsiades hält sich in seiner Antwort, die natürlich bejahend ausfällt, lediglich an den Wortlaut der Frage: über die versteckte Anfrage, das Honorar betr., gleitet der Alte wieder, wie 877, geschickt hinweg. Sokrates seinerseits konnte in der Antwort ein Einverständnis erblicken, und so verspricht er jetzt goldene Berge: *ἡμέζει, κομεῖ τοῦτον σοφιστὴν δεξιὸν* 1111 (vgl. o. S. 16). Während der Chor das Epirrhema 1115 ff.) vorträgt, findet drinnen (*χωρεῖτέ νυν*) die Unterweisung des Pheidippides durch Sokrates statt [26], während der Alte nach Hause geht. — Die Streitscene steht nach dem Gesagten in vernünftigem Zusammenhange mit der Umgebung.

γ) Kommt man mit drei Schauspielern aus?

Die Aufführung der Wolkenkomödie auf einer attischen Bühne durch die üblichen drei Schauspieler ist möglich gewesen, nach Ritter (S. 464), bis zur Einführung der beiden Logoi. War sie es nicht auch für diese Scene? Brentano (S. 92) meint zwar, „diese Eigenschaft unsern Wolken zuzuschreiben, konnte höchstens den von allen Musen verlassenen Byzantinern einfallen". Nun, versuchen wir den Beweis der Möglichkeit an der Hand des verdienstlichen Buches von Beer, der freilich selbst hier das Richtige nicht gesehen hat.

Den ungewöhnlichen Charakter der Streitscene wird niemand in Abrede stellen. Pheidippides bleibt stumm bis auf die wenigen Worte 1103 f. und 1112. Strepsiades spricht in der Streitscene keine Silbe. Wenn hier (vgl. Beer 10, 12) eine aussergewöhnliche Leistung des Choregen, ein sog. *παραχορήγημα*, angenommen wird in dem Sinne, dass „der Chorege eine vierte redende Person zu stellen und zu kleiden hatte", so ist das an sich nicht befremdlich. Sokrates ist 888 mit dem Schüler hineingegangen, um ihn den beiden Logoi zu übergeben. Der Meister übernimmt die Rolle des Dikaios, Strepsiades aber kann nicht die des Adikos übernommen haben, wie Beer (S. 128) will. Eine solche Leistung für den Protagonisten (1—509, 627—803, 814—888, 1105—1112, 1131 —1212, 1221—1302, 1321—1509 [675 Verse von stark 1100] und dann auch noch in unmittelbarem Anschlusse an 888 die anstrengende Streitscene von mehr denn 200 Versen war physisch man darf wohl sagen unmöglich. Die Streitscene erforderte eine frische Kraft. Strepsiades ruht als stummer Zuschauer, der nur durch sein Mienenspiel das lebhafte Interesse bekundet, mit dem er den Kampf verfolgt, einigermassen von seiner Arbeit aus. Die Rolle des Adikos, die Beer nur durch Hinzuziehung eines vierten ordentlichen Schauspielers, freilich nur für jene einzige Scene, unterbringen zu können erklärt, übernimmt Pheidippides. Er war (25—125, 814—888) für diese Rolle noch frisch. Statt seiner erscheint, natürlich in des Schülers Maske, als Parachoregem eine vierte redende Person, die jene 19 Worte spricht. Während der (nach 888 verloren gegangenen) Chorpartie erfolgte die Umkleidung. Mit 1112 ist die Funktion des Pheidippides II zu Ende, er verschwindet im Gefolge des Sokrates in der Denkbude, um dem Pheidippides I wieder Platz zu machen. Die vierte Person (Parachoregem) haben wir uns noch in der Rolle des Schülers 1493, 1495 und vielleicht der des Dieners 56, 58 zu denken. Somit hätten wir für den Deuteragonisten Sokrates: 223—509, 627—790, 868—887, 889—1104 (Dikaios), 1105—1112, 1146—1169, 1213—1255 (Pasias), 1502—1509 [an 350 von stark 750 Versen]. Nach der Streitscene verwandelte er sich aus

---

[26] Sie wird, wie 1148 f., auch 1432 vorausgesetzt, wo sich Pheid. in der Verlegenheit hinter die Autorität des Lehrers verschanzt (*οὐ ταὐτόν, ὦ τάν, ἐστίν, οἶδ᾽ ἂν Σωκράτει δοκοῖῃ*). Auch 1467: *ἀλλ᾽ οὐκ ἂν ἀδικήσαιμι τοὺς διδασκάλους*). Wenn 1171 bei der Begrüssung Streps. sich über die bleiche Studierfarbe seines Sohnes freut, so hat er sich die eben in diesem Unterricht geholt.

dem Dikaios in den Sokrates zurück (vgl. o. S. 11, S. 17 A. 25). Da der Dikaios nach dem ἡττή-
μεθα verschwindet, war die Umkleidung in den Sokrates vielleicht während der Worte, die Pheidippides spricht (τὸ βπούμενα - πρὸς ὑμᾶς) möglich, um so mehr, als eine etwaige Pause wirkungsvoll
ausgefüllt werden konnte: der Alte, ausser sich vor Freude über des Sohnes Entschluss, reisst ihn
an sich, und in den Armen liegen sich beide! Dann wäre der Ausfall eines Chorliedes an dieser
Stelle nicht anzunehmen, wie denn auch die Hss. nach der Streitscene kein χωρίς oder χοροῦ an-
merken (vgl. o. S. 10). Dann dürften vor der Streitscene (statt eines Chorliedes) 16 troch. Tetrameter
gestanden haben in Übereinstimmung mit 1115—1130.

Für den Tritagonisten (Pheidippides) bleibt: 25—125, 814—888, 889-1104 (Adikos), 1167
—1212, 1259—1302 (Amynias). 1321—1475; ferner 133—221 (Schüler, 1497. 1499. 1505 Chairephon) [stark 250 Verse von über 700]. Ausser diesen drei Schauspielern das Parachoregem
(vgl. S. 19).

Ergebnis: Nichts hindert die Annahme, dass die Streitscene mit den
sie umgebenden Partieen in N I gestanden hat.

e. Die Figur des Chairephon.

Die wiederholte Erwähnung des Chairephon (104, 144, 146, 156, 503, 831, 1465) hat zu der
Vermutung [27]) geführt, er habe in N I eine verhältnismässig bedeutende Rolle gespielt. Woher die Erbitte-
rung, die Strepsiades später gegen den Mann zeigt, besonders 1464 ff.: τῶν οὖν ἀΐπος, ὃ ᾳ ἔλιατε, τὸν Χαιρεφῶντα τὸν μιαρὸν καὶ Σωκράτην ἀπολεῖς μετελθών, οἳ σὲ κἀμ' ἐξαπάτων? Beers Annahme (S. 116,
128), dass der Logos Adikos [28]) in der Maske des Chairephon aufgetreten sei, hat etwas Ansprechen-
des. Der Adikos wird als eine engbrüstige, schmalschulterige, bleichsüchtige Jammergestalt geschil-
dert, ähnlich wie die Sokratiker: τοὺς ἀλαζόνας, τοὺς ὠχριῶντας (102 f.), und an der Stelle, wo
Strepsiades bei der Aussicht, dem Chairephon ähnlich zu werden, voll Entsetzen in die Worte aus-
bricht: οἴμοι κακοδαίμων, ᾗ μ ι θ ν ὴ ς γ ε ν ή σ ο μ α ι (504). Der Chairephon hat buschige Brauen (146),
wurde (nach Scholion 104, 504) Nachteule genannt (νυκτερίς): auch sonst erscheint er als Sykophant,
Schmarotzer, schmutziger Bettler, Sohn der Nacht, der Mann von Buchsbaumholz — jedenfalls eine
komische Bühnenfigur. Nach Platon (Apol. 20 e, 21 a) war er von Jugend auf der Gefährte des Sokrates, ein heftiger Mann (ὡς σφοδρὸς ἐφ' ὅ τι ὁρμήσαι). Wenn dieser Mann als Adikos in Pheidippides jene Ideen weckte und nährte, die schliesslich zu der Prügelscene führten, so versteht man
einigermassen das τὸν μιαρόν (1465) im Munde des Alten. Auch hinter der Scene wird er mit-
gewirkt haben in den Unterrichte sowohl des Alten grosse Parabase) wie des Pheidippides (Epirrhema
1115 ff.), wie man aus dem τοὺς διδασκάλους 1467 schliessen kann; Pheid. könnte freilich mit dem
ἀλλ' οὐκ ἂν ἀδικησαιμι τ. δ. den Alten kopieren: 833 ff. ἑστώπει καὶ μηδὲν εἴπῃς φλαῦρον ἄνδρας δεξιοὺς καὶ νοῦν ἔχοντας (auf Sokr. und Chair. gehend). Sollte er aber nicht auch auf der Bühne
thätig gewesen sein? Strepsiades kennt den Chairephon vor dem Unterricht nicht: οὐκ οἶδ' ἀκριβῶς
τοὔνομα· μεριμνοσοφισταὶ καλοί τε κἀγαθοί (100 f.), dagegen muss er, aus dem kräftigen ἡμιθνὴς (504)

---

[27]) Fr. Qu. 164. 1, 20. 111, 8. Teuf. a 342 f. c. 228 f. Büch. 670. 677. Sauerw. 31. Weyl. 39. Brent. 73.
Kock E. 42.

[28]) Brentano, der (S. 73) vermutet, dass „in den 11. Wolken dem Prodikos eine ähnliche Rolle neben
Protagoras zugeteilt gewesen sei, wie dem Chairephon neben Sokrates in den 1. Wolken", denkt sich (S. 76),
weil dem Protagoras der Spitzname Logos anhaftete, der Adikos sich aber 893 schlechtweg Logos nennt, den
Protag. als Adikos.

21

zu schliessen, den Mann doch wohl inzwischen gesehen haben. Die Belehrung hinter der Scene (Parab. folgt erst, so bleibt nur noch die Unterhaltung mit dem Schüler übrig. Dieser ist keiner von den müssig herumlungernden Schülern (οὐ γάρ μοι σχολή 221). Er kennt den Meister genau, ist über alles unterrichtet, die Instrumente, die Karten, des Meisters jüngste Untersuchungen (144. 169), er weilt selbst in der Nacht bei ihm (171 f.). Die Schüler, die sich an die Luft gewagt, jagt er hinein (198 f. 195), er steht offenbar nicht auf gleicher Stufe mit jenen θηρία, wie der Alte sie nennt (184). Wie selbstbewusst tritt er auf (133. 135), geriert sich als Lehrer: ἀλλ' οὐ θέμις πλὴν τοῖς μαθηταῖσιν λέγειν (140), thut recht geheimnisvoll (143). Dieser Mann, der so ängstlich jedes Lüftchen von den Schülern fern halten will, muss allerdings selbst ausgesehen haben, als komme er nie an die Luft, ausgesehen haben wie eine wandelnde Leiche, ein ἡμιθνής. Ein Mann, der sich so fühlt und mit des Sokrates Thun so vertraut ist, muss die rechte Hand des Meisters (αὐτός 219) gewesen sein, kurz: **dieser Schüler ist kein anderer als eben Chairephon selbst.**

Nun spricht derselbe freilich von Chairephon in der **dritten** Person, aber man beachte, in welchem Zusammenhange. Es sind πρότερα, die er dem Alten kund thut, um die er allein ausser dem Herrn und Meister weiss: ἀνήρετ' ἄρτι Χαιρεφῶν τὸν Σωκράτην [29] (144), τοῦ Χαιρεφῶντος τὴν ὄψιν ἐπὶ τὴν κεφαλὴν τὴν Σωκράτους ἀφήλατο (146), ἀνήρετ' αὐτὸν Χαιρεφῶν ὁ Σφήττιος (156). Er hebt die enge Zusammengehörigkeit des Meisters mit seiner Person hervor, die er gewissermassen auch als Respektsperson behandelt. Da mochte es dem Alten dämmern, mit wem er eigentlich die Ehre hatte. Als der Pförtner, den er mit παῖ, παιδίον gerufen, ihn ob seines unverschämten Klopfens tüchtig abkanzelte, da war der Alte bald von seinem selbstbewussten Φθόρος, υἱὸς Σερηφάδης Κικεννόθεν (134) zu einem devotern Ton übergegangen: σύγγνωθί μοι τηλοῦ γὰρ οἰκῶ τῶν ἀγρῶν (138). Die Nähe der andern Schülerlein mochte ihm mehr zusagen, er hätte sie gern noch draussen gehabt, vielleicht um sich bei ihnen nach jener Persönlichkeit, die wie eine Nachteule aussehen mochte, zu erkundigen: ἀλλ' ἐκμηνύσατον, ἵνα αὐτοῖσι κοινῶσώ τι πραγμάτιον ἡμῶν (196 f.). Er muss sich aber gedulden, er lernt dann den Sokrates kennen, niemanden sonst mehr — da weiss er: jener Pförtner, mit dem er die lange Erörterung gepflogen, ist der Chairephon, von dem ihm sein Sohn gesprochen (104), und so kann er 504 jenen Ausspruch thun.

Wie Chairephon hier, als Anonymus sozusagen, vorbereitend die Unterweisung des Strepsiades durch Sokrates einleitet, so später, als Logos Adikos, die des Pheidippides durch Sokrates, die aber in ihrem Erfolge (Prügelscene) dargestellt wird. **Dazu stimmt auch, dass derselbe Schauspieler jenen Schüler, den Logos Adikos und den Chairephon am Schlusse darstellte** (vgl. o. S. 20). Heben wir auch hier, wie wir es oben (S. 14) gethan, einige Vergleichspunkte heraus! Die Situation betreffend, der komische Gegensatz der am Boden hockenden Schüler, in Betrachtung der Dinge unter der Erde vertieft, während die Kehrseite Astronomie treibt (187 f. 192. 193 f.), und auf der andern Seite des in luftiger Höhe auf der Darre wandelnden Meisters, nur mit den Dingen im Himmelsraume beschäftigt, die Gedanken losgelöst vom irdischen Stoff (218. 225. 228. 171 f. 229 f.). Ähnlichkeit in der geheimnisvollen Behandlung unter feierlichen Ceremonien (143. 258. 262 f. 297. 497 f.); in der Störung des spekulativen Denkens: dort das respektwidrige Verhalten der Eidechse (169 ff.). hier die peinigenden Wanzen (634. 698 f. 706 ff.); in den

---

[29] So wohl mit Piccolomini statt Χαιρεφῶντα Σωκράτης, sodass beidemal Ch. als der wissensdurstige Schüler die Frage stellt. Zu ἠνήρετος (148) kann nur Sokr. als Subjekt gedacht werden, und so wird Chair., der doch auch den Sprung des Flohes auf die Glatze des Lehrers gesehen hat, die Frage gestellt haben.

Objekten der Untersuchung: dort Messen des Flohsprungs 144 ff., hier περὶ μύτρον, was der Bauersmann auf Mass und Gewicht bezieht 639 ff., dort physikalische Erklärung der Mückenstimme
(156 ff.), hier die des aus den Wolken fahrenden Donners (376 ff. 385 ff. 404 ff.). — Wenn nun
Chairephon so als Unterlehrer nicht nur hinter der Scene thätig war [30], sondern auch auf der Bühne
133—221, 889—1104), so wundern wir uns nicht mehr, wenn er auch bei der Brandscene auftritt.
Ihm sind die Verse 1497. 1499, 1505 zuzuweisen (so auch Kähler z. d. St.), vom Tritagonisten gesprochen, der 1475 abgetreten ist, während die paar Worte des Maß. Α τοὶ ἰού 1493, ἄνθρωπε, τί
παθεῖς (1495) als Parachoregem (vgl. S. 19) zu sprechen sind. Ist mit dem Maß. Β der Unterlehrer
Chairephon gemeint, dann bekommen auch die Antworten des Strepsiades rechten Sinn, auf das οἴμοι,
τίς ἡμῶν προπολεῖ τὴν οἰκίαν 1497) die Antwort ἐκεῖνος, οἷσπερ θοἰμάτιον εἰλήφατε (viell. urspr. εἰλή-
φαμεν) — Chair. hatte auch den Beinamen κλέπτης vgl. Rötscher S. 285 A.*** —; auf das ἀπολεῖς,
ἀπολεῖς (1499: die Antwort ἤν ἡ σμινύη μοι μὴ προδῷ τὰς ἐλπίδας (Rav.). Wenn wir im Scholion
zu V. 104 lesen, Chairephon sei ἰσχνόφωνος ,stotternd, im Sprechen anstossend' gewesen, so möchte
man versucht sein, in diesem μ des Rav. einen Rest von Überlieferung zu sehen, dass der Mann mit
einem Zungenfehler (à la ,Pension Schöller') versehen gewesen und dies hier von Strepsiades in seiner
gereizten Stimmung geäfft wird, worin zugleich eine Anspielung auf des Chairephon Mückentheorie
(156 ff.) gelegen hätte. Schreit nun das unglückliche Sophistenpaar οἴμοι τάλας, δείλαιος ἀποπνιγήσομαι (Sokr.), ἐγὼ δὲ κακοδαίμων γε κατακανθήσομαι (Chair.), dann mochte dem Zuschauer wohl einfallen, was der Alte dem Sohne gesagt hatte: φρχόν σοφὸν τοῦτ᾽ ἔστι φροντιστήριον. ἐνταῦθ᾽ ἐνοικοῦσ᾽
ἄνδρες, οἳ τὸν οὐρανὸν λέγοντες ἀναπείθουσιν ὡς ἔστιν πνιγεύς, κἄστιν περὶ ἡμᾶς οὗτος, ἡμεῖς δ᾽ ἄνθρακες. Das ging hier in komischer Weise für die beiden in Erfüllung: die brennende Bude ist
der πνιγεύς (ἀποπνιγήσομαι 1504), und macht sich das Paar nicht hurtig aus dem Staube, sind's
nicht nur die Balken, sondern auch die beiden selber, die die ἄνθρακες dazu abgeben (κατακανθήσομαι 1505). — Dass hier die Gestalten des Chair. und des Sokr. vorhanden sind, wird durch die
Dualformen παθόντι, ἐρβρίζετον (1506), ἐσκοπεῖσθον (1507) gestützt, wenn sie sich auch nur in mittel-
mässigen Hss. (Büch. 677) finden: die Konstruktion ἐρβρίζω εἰς ist zudem die gewöhnlichere τί γὰρ
παθόντι εἰς τοὺς θεοὺς ἐρβρίζετον statt . . παθόντες τοὺς θεοὺς ἐρβρίζετε). Die Änderung der Dualformen
in die Pluralformen ist leichter zu erklären als das Umgekehrte; die Erkenntnis, welche Rolle Chairephon gespielt, war geschwunden, das führte zu der Änderung der nicht mehr verstandenen Dualformen. Merkwürdig ist's, dass der bei Photios und Suidas als den Wolken zugehörig überlieferte
Vers κνισοῦλον ὥσπερ πηνίον βροηγμένω, der bei seinem Zusatz ,σκώπτει γὰρ τοὺς περὶ Χαιρεφῶντα τις ξηρότητα καὶ ἀσθένειαν' vortrefflich in den Zusammenhang passt [31] — Sokrates und Chairephon als Inseparabiles — eben die Dualformen hat, die sich bei ihm nicht in Pluralformen ab-
ändern liessen. Der Vers muss schon aus dem Text geschwunden gewesen sein, als jene Änderung
bei den übrigen Formen erfolgte, sonst hätte er zur Erhaltung der Dualformen beigetragen.

    **Ergebnis: Die Figur des Chairephon war in N I vorhanden. Man hat kein
Recht, aus ihr einen Unterschied zwischen N I und N II her-
zuleiten.**

---

[30]) Diese Thätigkeit geht auch aus 830 f. hervor, wo der Alte auf des Sohnes Frage τίς φησι ταῦτα; erwidert Σωκράτης ὁ Μήλιος καὶ Χαιρεφῶν, ὃς οἶδε τὰ ψυλλῶν ἴχνη. Der Zusatz ὅς . . wäre matt, wenn er nicht
damit auf jenen vorbereitenden Unterricht durch Chairephon anspielte.
[31]) Nach 1505; vgl. G. Herm. XVI (der freilich eine Partikel vermisst). Fr. Qu. 164. I, 20 f., Beer 125,
Teuf. a 343, e 232, Büch. 677, Naber 322, Kähler E. 31, Weyl. 43.

23

d. Das πέος- und das κόρεις-Motiv (695—745).

Die Frage ist lediglich die: Lassen sich beide Motive mit einander vereinigen? Man hat dies geleugnet und den verhängnisvollen Vers 734 οὐδέν γε, πλὴν εἰ τὸ πέος ἐν τῇ δεξιᾷ nebst Umgebung ausschliesslich den N I zuweisen wollen. Nach unserer Auffassung des σφήγφωρ in der Parabase (o. S. 6 f.) haben wir jetzt nachzuweisen, dass das πέος-Motiv in der Handlung begründet, also verständig angewendet ist. — Zunächst eine Übersicht über die verschiedenen Ansichten der Gelehrten.

	N I.	N II.
C. Fr. Hermann	722. 731 734.	723 726. 735—742. 727—730. 743 ff.
Beer	723 730 (Antistr. zu 700 ff. 746 ff.)	722. 731 745.
Fritzsche. Kock (E. 53)*	700—705. 731 739 Kock „wahrsch."	707—722. 723 730. 740 ff.
Teuff. - Köchly - Büch., auch	700 705. 731 739.	— 746 ff. 694 699. 707 730. 740 745
Witten (S. 13)		(Büch. „wahrsch.") 746 ff.

Sokrates hat mit 694 die grammatischen Erörterungen abgebrochen [32], das Meditieren soll beginnen. Der Alte muss sich auf das Denksopha strecken, das bei Beginn der Scene (633) herausgeschafft worden, und er soll nun über eigene Angelegenheiten grübeln: ἐκφρόντισόν τι τῶν σεαυτοῦ πραγμάτων (695). Mit Widerstreben folgt Strepsiades, kennt er doch dies Polster, das schlimme Gäste birgt, nur zu gut (634). Flehentlich bittet er am Boden meditieren zu dürfen (697), aber vergebens. In sein Schicksal ergeben, sinkt der Ärmste aufs Schmerzenslager nieder: κακοδαίμων ἐγὼ, οἵαν δίκην τοῖς κόρεσι δώσω τήμερον (698 f.). Das Obergewand ist bereits abgelegt (497. 500), aber nun bedarf es noch eines besondern Schaflützenpelzes (δρασίδες), den holt der Meister erst. Während er die Bühne verlässt (Enger 13), ergreift der Chor das Wort, um in der Strophe 700 ff. dem Alten Verhaltungsmassregeln zu geben. Die Strophe hat eine Lücke von zwei Versen. Sie sollen bei der Umarbeitung als für N II nicht passend gestrichen worden sein (Fr. III 5 f.). Teuf. a 330 — anders b 553 —, Kähler E. 35, Büch. 673, Sauerw. 40). Führen wir mit Kock (E. 39) die Lücke auf den Zufall zurück, da es doch wenig wahrscheinlich ist, dass der Dichter nicht sofort passenden Ersatz für zwei Verse gefunden hätte, wenn er diese tilgen wollte. Das mag man Teuffel (b 252) zugeben, es sei eine „immerhin besonders bedenkliche Lücke, weil der Sinn ganz und gar keine Lücke zeigt". Aber warum konnte der Gedanke ἔπος δ' ἀπάτου γλυκύθυμος ὀμμάτων (705) nicht weiter ausgeführt sein? Der Alte soll nur ja den Schlaf fernhalten und rege denken. Da konnte sich ein Gedanke anschliessen des Inhalts: ,ein rechter Philosoph kämpft gegen Verweichlichung an gleich dem abgehärteten Phormion, der an der harten Erde schlief'. Im

---

[32] Auf das ἄγε τί ταθέ' ἃ πάντες ἴσμεν μανθάνω; des Streps. erwidert Sokr. οὐδὲν μὰ Δ'. Man hat diese Antwort unbegreiflich gefunden und drum hier die Fuge von Altem und Neuem erkennen wollen. Aber wenn der Lehrer sich alle Mühe mit dem Schüler giebt und dann nur thörichte Antworten erhält (οὐδὲν λέγεις 644, ὡς ἄγροικος εἶ καὶ δυσμαθής 646. ἀγρεῖος εἶ καὶ σκαιός 655) und der Schüler nach einer längern grammatischen Erörterung plötzlich mit seinem naseweisen ,Wozu soll ich das lernen, was wir ja alle wissen?" kommt, so finde ich es ganz natürlich und sehe nicht eine „unleugbare Schroffheit [des Übergangs" (Teuf.) darin, dass der Lehrer antwortet ,O, zu gar nichts!" und abbricht. Jetzt ist sein Entschluss gefasst, den Kerl zu allen Teufeln zu jagen. Was noch kommt, die schwierigere Geschichte, das schwierigere Meditieren, bereitet nur die Entlassung vor: ἀπολεῖ κάκιστ' (726), οὐδὲν λέγεις (780), ἔθλιβε ἄτερε (783), οὐκ ἐς κόρακας ἀποφθερεῖ . . (789 f.). Das σέγε (757), σωφρεῖς γε νὴ τὰς Νύκτας (773) ist rein ironisch zu fassen (gegen Kock E. 51 und Weyl. 29. 32).

Schol. z. Fried. V. 347 heisst's von diesem Manne *(χαμαικοιτῶν) αὐτοῦ μέμνηται ὁ κωμικὸς ἐν* . *Νεφέλαις*. Man hat an eine Verwechslung mit Lys. 804 gedacht, aber es lässt sich doch nicht leugnen, dass er hier in den Wolken ganz passend hätte erwähnt werden können, zumal da des Alten Wunsch *χαμαί μ' ἰᾶσον αὐτὰ ταῦτ' ἐκφροντίσαι* leicht zur Erwähnung des bekannten Strategen führen konnte, dessen hartes Lager sprichwörtlich war · Fried. 347 ff.). Nach den Rhythmen der Antistrophe lassen sich *Φορμίων* (bezw. ein anderer Casus) und ebenso *μετεωροφλέσχης*, das nach Schol. Fried. 91 auch in den Wolken vorgekommen sein soll, unterbringen ($\cup\cup-\cup---\cup\underline{\underline{\ }}-\cup\cup-\cup--$). Das ist mir wahrscheinlicher als Ritters (S. 460) Vermutung, der Scholiast habe die Stelle Wo. 360 *τῶν νῦν μετεωροσοφιστῶν* im Sinne gehabt; da müsste er wohl auch an *στενολεσχεῖν* 320 und *ἀδολεσχία* 1480, 1485 gedacht haben. Die Mahnung des Chors würde dann an 412 ff. erinnern, gleichfalls vom Chor an Strepsiades gerichtet: dem *εἰ φροντιστής εἶ* dort entspräche *φρόντιζε δή* . . *φρενός* hier, dem *μὴ κάμνεις* dort *ἕτοιος δ' ἀπίστω* hier, dem *τὸ ταλαίπωρον ἔνεστιν ἐν τῇ ψυχῇ* dort die Abhärtung à la Phormion hier. Der Witz des Alten: *δάκνουσί μ' ἐξέρποντις οἱ Κορίνθιοι* 710) mochte dann durch die Erwähnung des Phormion mit veranlasst sein (vgl. Equites 551 ff.)[33]. — In dem *ἕτοιος δ' ἀπίστω γλυκύθυμος ὀμμάτων* sieht nun Teuffel (a 330) „eine klare Beziehung auf die Klippe, an welcher in der ersten Bearbeitung das Meditieren des Strepsiades scheiterte, seine Schlaffheit und Schlafsucht, infolge deren das erste Wort, welches der zurückkehrende Sokrates an ihn richtete, hier war: *οὗτος καθεύδεις* (732)". Hat Teuffel recht, dann darf in den N II zugewiesenen Particen, also in 707—730, diese „Schlaffheit und Schlafsucht‘ nicht zum Ausdruck gebracht sein, und anderseits darf die Wanzenplage, die vor 700 und nach 705 zum Ausdruck kommt, in keiner Beziehung zu dem Verhalten des Alten in 731—739 (N I) stehen. Nun sehen wir, dass die Wanzen — es ist natürlich komische Übertreibung — dem Ärmsten so zugesetzt haben, dass er mild und matt erscheint: *τί κάμνεις* (707), dass er zu vergehen droht: *ἀπόλλυμαι* (709), *καί μ' ἀπολοῦσι* (715), *καὶ πρὸς τούτοις ἔτι τοῖσι κακοῖς φρουρᾶς ᾄδων ὀλίγου φροῦδος γεγένημαι* (720 ff.), *ἀλλ' ὀγαθ', ἀπόλωλ' ἀρτίως* (726). Der Mann ist nach seinem ganzen Gebaren in einem Zustande der Erschöpfung, wo er, gleich dem Soldaten, der auf Wache ist, durch ein Liedchen sich den Schlaf vertreibt, hier durch das Liedchen von der Wanzennot: *καὶ τὰς πλευρὰς διαδάπτουσιν καὶ τὴν ψυχὴν ἐκπίνουσιν καὶ τοῖς ὄρχεις ἐξέλκουσιν καὶ τὸν πρωκτὸν διορύττουσιν καί μ' ἀπολοῦσιν* (711 ff.). Ist das denn nicht ein Zustand, wie er ihn nach des Chores Mahnung (ἀπίστω ἕτοιος) nicht Herr über sich werden lassen soll, dem er nach des Lehrers Mahnung: *οὐ μαλθακιστέα* (727) nicht weichlich nachgeben soll? Ist es nicht ein schlafähnlicher Zustand, der den Sokrates veranlasst, die Frage an den durch den Schafpelz verhüllten Alten zu thun: *οὗτος καθεύδεις*; das sind doch keine Gegensätze, die berechtigen, eine Scheidewand zwischen N I (705, 732) und N II (707—730) aufzurichten!

Mit 723 ist Sokrates zurückgekommen[34], er bringt den Schafpelz mit, um den Alten einzu-

---

[33] Büch. (S. 672) meint, auf das Wortspiel zwischen *κόρεις* und *Κορίνθιοι* habe ebensogut der ritterliche Junker verfallen können, eingedenk des harten Kampfes der Ritter mit den Korinthiern im vorletzten Herbst (Ritt. 595). Das Bild passt mehr zu dem Alten (vgl. V, 12 f. 37), dem bei dem Schmutz, den er liebte (44. 50), das Ungeziefer nicht unbekannt sein mochte. Der Sohn dagegen erfreute sich eines ganz gesunden Schlafes (8 f. 16. 27. 38. 78), er litt offenbar von den Wanzen nicht, und so mochten ihm auch derartige Bilder weniger geläufig sein.

[34] Sokrates verlässt 699 die Bühne, ist also während des Chorliedes nicht zugegen; er kommt nach 722 wieder, nicht zwischen 730 und 731, wie es Beer (S. 130) annahm. Teuffel (a 325) lässt ihn zweimal zurückkommen, „ohne dass jedoch zwischen dem ersten und zweiten Male auch nur die leiseste Andeutung seines Wiederabtretens wäre" (vgl. 328 f.; auch Sauerw. 39). Richtig Göttling (S. 26 A. 15) „*φέρε* . . . er kommt nicht erst wieder auf die Bühne zurück mit diesen Worten."

hüllen. Dieser scheint zu schlafen, er ruft ihm an: οὗτος, τί ποιεῖς; οὐχὶ φροντίζεις; (723). Die
Wanzennot hat ihn so erschöpft, witzig erwidert er, er habe darüber nachgedacht, ob die Wanzen
noch etwas von ihm übrig lassen würden. Nun kommt das Einhüllen, wohl mit einer Art Mantel
(Köchly 245), da der Meister von dem Vorgange 734 offenbar vorher nichts bemerkt hat. Der Alte
soll nach des Meisters Weisung eine Beraubungsidee ausfindig machen: ἐξευρέτος γὰρ τοῖς ἀποστε-
ρητικὸς κἀπαιόλημα (728 f.). Wer soll dem Ärmsten eine solche aus dem Lammpelz zutragen (729 f.)?
Wie soll er sich der Wanzennot erwehren? Das ist für den Geplagten jetzt die γνώμη ἀποστερητικός,
für alles andere, auch für seine Gläubigernot, hat er die Erinnerung momentan verloren. Und er
findet eine solche Idee, anders als der Meister, der an die τόπον dachte, gemeint. Nirgends hat
das Ungeziefer dem Alten Ruhe gelassen: καὶ τοῖς ὄρχις ἐξέλκουσιν (713). Das hat ihn zu dem
Treiben gebracht, auf dem ihn der Meister ertappt: τὸ πέος ἐν τῇ δεξιᾷ (734), wo der Scholiast an-
merkt δεῖ γὰρ αὐτὸν καθίζεσθαι ἔχοντα τὸ αἰδοῖον καὶ μιμεῖσθαι τὸν δημιέλκοντα ἑαυτόν. Das ist seine
Beraubungsidee in den eigenen Angelegenheiten (695. 728). dies Treiben soll ihn über die Wanzennot hinweghelfen. Stille sass er da, es schien, als ob er schlief. Der Meister hatte ihn eine Weile
sich selbst überlassen, damit er eine Trugidee ausfindig mache. Währenddem (zwischen 730 und
731) mag man sich Sokrates vorstellen, wie er in sich versunken auf éinem Fleck stand — den
charakteristischen Zug des historischen Sokrates (vgl. Pfleiderer S. 67; bis zu 24 Stunden!) hat man
in der Komödie vermisst (Gehring S. 16) — oder wie er, nach 361 ff. gravitätisch mit gebobener
Nase, meditierend auf und ab promenierte (Göttl. 26 A. 15). Jedenfalls liess sich die Pause derartig
ausfüllen [35], dass nicht, wie C. Fr. Hermann (S. 272) meinte, eine Langweiligkeit entstand, „die selbst
auf unserm Theater kaum vorkommen, von dem griechischen Dichter aber gewiss durch einen ein-
geflochtenen Chorgesang vermieden worden sein würde". Da fällt ihm plötzlich sein Schüler wieder
ein: φέρε νυν ἀθρήσω πρῶτον ὅ τι δρᾷ τουτοί. Er will nachsehen, was denn doch der Alte unter
dem Lammpelze zu allernächst macht. Das πρῶτον ist nicht zu ἀθρήσω zu ziehen, wie es bisher geschehen, dann freilich wäre 731 f. mit 723 unvereinbar, wie Köchly (S. 425), C. Fr. H.
(S. 271), Teuff. (a 325), Witten (12), Kähler E. 32), Kock E. 50) meinen, sondern zu δρᾷ.
Beide Male veränderte Situation: dort (723) der Meister, zurückkehrend mit dem Pelz, zu dem auf
dem Denksopha unverhüllt sitzenden Alten οὗτος, τί ποιεῖς; οὐχὶ φροντίζεις; — hier (732) der Meister,
der eben selbst meditiert hat, zu dem durch den Schafpelz verhüllten Alten οὗτος, καθεύδεις; Strepsiades leugnet. Der Meister forscht weiter ἔχεις τι; und dann dringender οὐδὲν πάνυ; Jener verneint:
μὰ Δί, οὐ δῆτ' ἔγωγ' und dann — dem unsauberen Patron (293. 295. 390 f. 411) ist das zuzutrauen
— schlägt er den Mantel auseinander mit den Worten οὐδέν γε, πλὴν εἰ τὸ πέος ἐν τῇ δεξιᾷ. — Sind
nun die beiden Motive unvereinbar? Das zweite (πέος-Motiv) entwickelt sich ganz folgerichtig und
natürlich aus dem ersten (κόρις-Motiv)! Die Wanzennot führt zur Erschöpfung und Willensschwäche:
in diesem Zustande kommt Streps., auch äusserlich veranlasst, zu dem unsittlichen Thun. So liegt
in 723 und 731 keineswegs der doppelte Anfang derselben Scene vor, wie
Fritzsche (III, 3) Teuffel (a 332), Kock (E. 51) meinten.

Und nun das wiederholte Verhüllen. Sokrates ist unwillig, energisch heisst er den Strepsiades
sich rasch (wieder) verhüllen und grübeln: οὐκ ἐγκαλυψάμενος ταχέως τι φροντιεῖς 735. Diese wiederholte Aufforderung des Einhüllens und Meditierens — auf dem φροντιεῖς liegt das Hauptgewicht
— ist nicht auffallend. Aber auch das dritte καλύπτον 740 nicht. Denn der Alte folgt 735 nicht
sogleich der Aufforderung. Sokrates soll ihm erst ein specielles Thema, die eigenen Angelegenheiten

[35] Vgl. auch Müller-Strübbing Arist. S. 691.

4

betr., nennen: περὶ τοῦ; οὐ γάρ μοι τοῦτο ἡρώσων, ὦ Σώκρατες 736·. Der Alte will sagen: ‚Auf
deine allgemeine Aufforderung hin (695) habe ich über etwas, meine Person betreffend, meditiert,
nämlich über meine Wanzennot (725), ich habe auch der speciellen Aufforderung zufolge 728 f.)
einen τοῦς ἀποστερητικός dieser Not gegenüber ausfindig gemacht (734), aber das hat deinen Beifall
nicht gefunden (735), so stelle denn d u οὐ, mir jetzt das spezielle Thema, eine Beraubungsidee in
meinen eigenen Angelegenheiten'. In dieser letzten Aufforderung (736), nach der Ansicht der Gegner
zur Partie N I gehörig, ist also auf 695 und 728 Bezug genommen, die lediglich N II angehören
sollen! — Zwar lehnt Sokrates einerseits ab: αὐτὸς . . . πρῶτος ἐξευρὼν λέγε (737), er weiss aber
anderseits durch den Zusatz ὅ τι βούλει vermittelst der μαιευτική dem Alten darauf zu helfen. Wahr-
haftig, ob der Wanzennot hat er die Gläubigernot schier vergessen, oder, bei seiner Neigung alles
ins Lächerliche zu ziehen, den Sokrates absichtlich missverstanden. Ärgerlich, als habe der Lehrer
mit ὅ τι βούλει nach seinen Wünschen gefragt, was nicht der Fall ist, ruft Strepsiades: ἀκήκοας πε-
ρώκις ἀγὼ βούλομαι· περὶ τῶν τόκων, ὅπως ἂν ἀποδῶ μηδενί (738 f.). Also: mit ὅ τι βούλει ἐξευρὼν
stellt Sokrates keineswegs dem Alten die Wahl des Themas frei, wie Kock (E. 50) und Teuffel
(a 332) meinen, insofern nämlich der Gegenstand für das Meditieren stets nur die Person des Alten
betreffen soll (695), er hat auch keineswegs vergessen, dass er 728 f. das Thema, die τόκοι betr.,
angedeutet hat, sondern er hilft nur dem mangelnden Verständnis des Alten nach oder begegnet
seinem Missverstehenwollen.

Das Programm, das mit αὐτὸς . . πρῶτος aufgestellt ist, wird auch innegehalten. Erst heckt
der Alte selber eine Tragidee aus, die τόκοι betr., ἔχω τόκον γνώμην ἀποστερητικήν 747) — durch
eine thessalische Zauberin holt er sich den Mond herunter und steckt ihn in ein Futteral; nun giebt's
keine Monate und also keine Monatsersten, keine Zahltermine mehr. Dann legt Sokrates seinerseits
ein Problem vor: ἀλλ' ἕτερον αὖ σοι προβαλῶ τι δεξιόν (757): der Alte löst es: er will, um einer
Fünftalentenklage zu entgehen, sich ein Brennglas nehmen und dem Schreiber die Klageschrift auf
der Wachstafel löschen. Grossartig in der That! σοφῶς γε ἡ τὰς Χάριτας (773), vgl. o. S. 23 A. 32.
— Doch zurück zu dem καλέστον! Der Alte weiss jetzt, um was es sich handelt: die τόκοι betr.
soll er eine Tragidee ersinnen. Und so nimmt jetzt Sokrates die 735 nicht befolgte Aufforderung
zum Verhüllen wieder auf: ἴθι νυν, κάλεπτον (740) und giebt ihm zugleich Weisung, wie er sein
Denken auf die eine Sache concentrieren soll (740 ff.). Dem Ärmsten wird von allem dem so dumm:
das ist die Stimmung, in der ihm der Klageruf entfährt οἴμοι τάλας (742); mit der Wanzennot, wie
Teuffel (b 329, 330) und Kähler meinen, hat das nichts zu thun. Sokrates spricht dem Alten Mut
ein (ἔχ' ἀτρέμα) und giebt, ähnlich dem Rate des Chors 700 ff.), Verhaltungsmassregeln (κἂν ἀπορῆς
τι τῶν νοημάτων . . . . Bedenken wir nun, dass nach unserer Darstellung o. S. 23) bei jener Weisung des Chors Sokrates nicht anwesend war, so verliert diese Wiederholung alles Auffallende, sehen
wir doch, dass der Gedanke ἐπ' ἄλλο πήδα νόημα φρενός (704 f.) noch zweimal (744, 762 f.) wieder-
kehrt und zwar beide Male im Munde des Sokrates.

Ergebnis: Beide Motive sind miteinander vereinbar. Aus den Versen
695—746 ist ein Schluss auf eine Verschiedenheit von N I und
N II nicht berechtigt.

c. Die Vereidigung auf die neuen Wolkengöttinnen.
(besonders die Verse 412—422.)

Es fragt sich: stehen die Verse 412—419 und 420—422 unter sich und mit ihrer Umgebung
in vernünftigem Zusammenhang? Um sich die Sache klar zu machen, muss man das Verhalten des

Chors dem Strepsiades gegenüber von dem Standpunkte aus betrachten und beurteilen, den jener am Schlusse der Komödie einnimmt, als der Alte gegen ihn den Vorwurf der Bethörung erhebt: τί δῆτα . . ἄνδρ' ἄγροικον καὶ γέροντ' ἐπήρετε (1456 f.). Da erwidert der Chor: ἡμεῖς ποιοῦμεν ταῦθ' ἑκάστοθ' ὅντιν' ἂν γνῶμεν πονηρῶν ὄντ' ἐραστὴν πραγμάτων, ἕως ἂν αὐτὸν ἐμβάλωμεν εἰς κακόν, ὅπως ἂν εἰδῇ τοὺς θεοὺς δεδοικέναι (1458 ff.). Der Chor geht also darauf aus, den Alten, nachdem dieser einmal sich auf die schiefe Bahn des Schlechten begeben, immer mehr zu bethören und schliesslich ins Verderben zu stürzen. Nun hat der Stimmungswechsel der Göttinnen in ihrem Verhalten dem Alten gegenüber nicht mehr das Auffallende, das Schanz (Apol. E. 9) darin findet. Nur in der Absicht seine Gläubiger zu prellen, ist Strepsiades in die Schule des Sokrates eingetreten. So begrüsst denn der Chor den neuen Schüler als Waidmann kundiger Rede (358), der nach hoher Weisheit trachte, wie er schon durch das rege Interesse bekundet hat, mit dem er (365–411) dem Vortrag des Meisters über die hohe Bedeutung der Wolken als einziger Gottheiten gefolgt ist. Als der Alte dann sein Einverständnis mit des Meisters Ausführungen kundgethan, es gebe keinen Zeus als Rächer des Meineids (403), da verspricht der Chor, entsprechend dem obigen Programm, dem neuen Jünger goldene Berge: ὡς εὐδαίμων ἐν Ἀθηναίοις καὶ τοῖς Ἕλλησι γενήσει (413), λέγε νῦν ἡμῖν, ὅ τι σοι δρῶμεν, θαρρῶν· ὡς οὐκ ἀτυχήσεις (427). παρ' ἐμοῦ κλέος οὐρανόμηκες ἐν βροτοῖσιν ἕξεις (459 f.), ὥστε γε σοῦ πολλοὺς ἐπὶ ταῖσι θύραις ἀεὶ καθημένους βουλομένους ἀνακοινοῦσθαί τι καὶ ἐς λόγον ἐλθεῖν πράγματα κἀντιγραφὰς πολλῶν ταλάντων ἄξια σῇ φρενὶ συμβουλευσομένους μετὰ σοῦ (465 ff.). Des Menschen Wille ist sein Himmelreich. Der Alte will nur seine Prozesse gewinnen, alles andere ist ihm gleichgültig. Diesen seinen Herzenswunsch (στρεψοδικῆσαι καὶ τοὺς χρήστας διολισθεῖν 434) wollen ihm die Wolken gern erfüllen (435), haben sie doch vorher ihm schon Grösseres in Aussicht gestellt, als sie auf des Alten allgemeiner gehaltene Bitte hin: δέομαι . . . τουτὶ πάνυ μικρόν, τῶν Ἑλλήνων εἶναί με λέγειν ἑκατὸν σταδίοισιν ἄριστον (429 f.) ihm grössten Redeerfolg in öffentlichen Angelegenheiten versprechen (431 f.). Im Vergleich dazu kann der Chor, mit offenbarer Beziehung auf das πάνυ μικρόν (429) und das μή 'μοί γε λέγειν γνώμας μεγάλας (423) solche Bitte als bescheiden hinstellen: οὐ γὰρ μεγάλων ἐπιθυμεῖς (435) [36]. Diesen Fortschritt der Handlung, der in der Einschränkung der Versprechungen des Chors von dem quantitativ Grössern (412, 413, 419, 432) auf das von dem Alten für seinen besondern Zweck gewünschte Mass liegt, also den Fortschritt vom Allgemeinen zu dem Besondern verkennen diejenigen, die im Munde des Chors das τῆς μεγάλης σοφίας ἐπιθ. (412), das λέγε νῦν ἡμῖν, ὅ τι σοι δρῶμεν, θαρρῶν (427) und das οὐ μεγάλων ἐπιθυμεῖς 435 geradezu widersinnig finden (Büch. 664; ähnlich Naber 164. 318 .apparet hic rotunda misceri quadratis'). Verfehlt ist es drum auch, die Verse auf zwei Redaktionen, N I und N II, zu verteilen:

	N I	N II
Köchly (S. 424)	412—422	427—439
Kock (E. 41)	412—422, 435 ff.	427—434, 435 ff.
Bücheler (S. 664) u. Witten (S. 10)	412—419 420—422	435 ff. (Motiv 420—422)

[36] So wird der Alte im weitern Verlaufe der Komödie immer sicherer gemacht, damit sein Sturz um so jäher sei. Der Chor steht ihm zur Seite ratend (700 ff. 791 ff.), bedauernd 707, ermutigend (710), und als er völlig ins Garn gegangen (810), legen die Wolken die Maske ab: es gilt nun die Bestrafung des Alten, materiell (Rupien 810 ff.) und moralisch (Prügel). Der Chor ist empört über seine Schlechtigkeit (1303 ff.), er freut sich über den Sieg des Jüngern (1391 ff.) und spricht schliesslich dem Alten sein Urteil: αὐτὸς μὲν οὖν σαυτῷ σὺ τούτων αἴτιος. (1454.)

Diese Verteilung ist verfehlt. Denn die in bedingter Form *τὰ* gegebene, am weitesten gehende Verheissung *νικᾶν πρῶτον καὶ βουλεύων καὶ τῇ γλώττῃ πολεμίζων* 419. – N I – , in der die folgenden 432. 435 einbegriffen sind, ginge nun für N II, wo der Chor doch jedenfalls in nicht geringerem Grade es auf Bethörung des Alten abgesehen hat, verloren. Und wie konnte selbst unter Änderung des *οὐ γὰρ μεγάλων ἐπιθυμεῖς* in *κάτω μεγάλων ἐπιθυμεῖς* oder *κάτω — ἐπιθυμῶν* (Büch. u. Koek) in N I auf 412—422 das *τεύξει τούτων ὧν ἱμείρεις* (435) folgen, da Strepsiades dann den Wolken gegenüber überhaupt noch keinen Wunsch geäussert hätte; der folgt erst 430. 434. Auch würden, durch Ausscheidung von 412—422, N II nicht mehr die Bedingungen enthalten, an die der Chor seine grossen Verheissungen knüpft, ohne die er, da Strepsiades das Ziel jedenfalls nicht erreicht, als Lügner da stehen würde. Der Inhalt von 428 *ἡμᾶς τιμῶν καὶ θαυμάζων καὶ ζητῶν δέξιος εἶναι* kann, da der Vers nicht die Bedingung, sondern den Grund zu *ὡς οὐκ ἀτυχήσεις* enthält, jenen Mangel nicht ersetzen. Das ist auch schon ein Moment gegen Bücheler's Annahme, die Verse 412—419 und 420—422 seien versprengte, nicht zusammengehörige Reste von N I und die Verse 435 ff. seien nur breitere Ausführung desselben Motivs, das in 420—422 vorliegt. Damit wird aus dem Zusammenhang heraus und seinerseits auseinandergerissen, was zusammengehört. Jener verlangt, dass Strepsiades, indem er als das Ziel nicht erreichend dargestellt wird, dargestellt wird als die gestellten Bedingungen nicht erfüllend; die engere Zusammengehörigkeit fordert, dass Strepsiades sich auf die gestellten Bedingungen einlässt und verpflichtet. Nun ist freilich 439—456 eine breitere Ausführung des *ἐπιχαλκεύειν παρέχοιμ'* ἂν (422), aber es lässt sich doch nicht leugnen, dass nur hier ein Sichbereiterklären auf Grund der Bedingungen (*ἕνεκά γε γεχῆς στερρᾶς . . . ἕνεκα τούτων*) stattfindet, dort höchstens eine Andeutung der früher genannten Bedingungen (*τουτὶ τοὐμὸν σῶμ' αὐτοῖσιν παρέχω τύπτειν, πεινῆν, διψῆν . . . .*. Und dem einfachen *ἐπιχαλκεύειν παρέχοιμ'* ἂν steht der Jubelhymnus 439 ff. gegenüber, wo sich der Alte nicht genug thun kann in Ausdrücken der Bereitwilligkeit, wenn er eben — das heissersehnte Ziel erreicht (*εἴπερ τὰ χρέα διαφευξοῦμαι* 445). Dies ist ihm aber vom Chor mit *τεύξει . ὧν ἱμείρεις* (435) in Aussicht gestellt. Die nahe Erfüllung seines Herzenswunsches ist es, die jenen Herzenserguss erzeugt, bei dem doch wahrlich eine Wiederholung wie 439 *εἶν οὖν ἀτυχῶς ὅ τι βούλονται* und 453 *δρώντων ἀτυχῶς ὅ τι χρῄζουσιν* nicht so auffällig ist, dass man mit Bücheler (S. 666) in ‚439 neben 453 Rest einer andern Bearbeitung oder glossematische Wiederholung‘ sehen muss. — Wie gesagt, die Verse 420—422 nehmen deutlich Bezug auf die 414 ff. aufgestellten Bedingungen, das *ἕνεκα τούτων* fasst die vorhergehenden Punkte kurz zusammen ‚wenn es darauf ankommt‘, aber nicht mit Koek ‹E. 41› ‚um solcher Güter willen‘. Die irrige Deutung bei Bücheler (S. 664) ‚um dieser, um der Wolken willen‘ liefert erst die Stütze zu der Folgerung, da Streps. diese Worte offenbar zu Sokrates gewandt antworte, so befehle ‚der gemeine Menschenverstand anzunehmen, dass die Ermahnung, auf welche jene Antwort erfolgte, von Sokrates ausgegangen ist‘, dass somit 420—422 mit 412—419 sich in ihrer jetzigen Gestalt nicht vertrügen. Des weitern wird dann die Fassung, die die Worte 412—419 bei Diogenes Laert. II, 27 haben, zum Beweise herangezogen, dass die Verse in N I nicht an den Alten, sondern an Sokrates gerichtet gewesen seien [37]). Nun versteht man freilich nicht, wie ihn, den das Orakel für den weisesten aller Hellenen erklärte, hier der Chor als nur nach hoher Weisheit verlangend (*ἐπιθυμήσεις*) bezeichnen kann; man versteht auch nicht, weshalb der Meister nach des Chors anerkennenden Worten (359 ff.) noch ‚der Belobung und Aufmunterung durch die Wolken‘ bedürfen soll. Ritter (S. 461 f.) hat das Verdienst nachgewiesen zu haben, dass und wie Diogenes dazu kam, mit bewusster Absicht

---

[37]) Auch Brentano (S. 45 f.) sieht in dieser Fassung die ursprünglichere der N I.

den Wortlaut zu ändern (statt *παρ' ἡμῶν: δικαίως; γενέσθαι: ὑπεξῆς; γεγυμνάσθαι: ἀδρφγαρίας* [38]), nämlich um des Weisen Ruhm zu erhöhen. Bei den Worten, die der Chor an den Alten richtet, schwebt ihm offenbar das Bild seines getreuen Jüngers Sokrates vor; vgl. über dessen Bedürfnislosigkeit, die *ἐγκράτεια* Pfleiderer (S. 45 f.). Zugleich aber sind die Bedingungen, soweit sie körperliche Abhärtung und ökonomische Einschränkung predigen, dem abgehärteten, knauserigen Landmanne sicher aus der Seele gesprochen. Einzelnes, das auf Sokrates nicht passte, so *οἶνον ἀτέχει* — Sokrates konnte was vertragen, vgl. Pfleiderer — und *ἀτέχει γεγυμνάσθαι* ist lediglich auf den Alten zugeschnitten, der dergleichen nicht liebte. Es galt ja ihn zu gewinnen, zu überreden, wie die Sophistik es that (vgl. 875. 1340. 1394. 1398. 1422. 1437). Da ist es denn auch keineswegs zu verwundern, dass sie jeden nach seinem Naturell behandelt, den alten Filz anders als den jungen leichtlebigen Sportsman (Böhr. 21). Das ist auch festzuhalten betr. der Lesart *γεγυμνάσθαι* (417), wofür *γεγνωσθαι* (Herwerden) oder *ἀδρφγαρίας* (Diog.) nicht passen, insofern in dem *ἀριστᾶν* bezw. *οἶνον ἀπ.* schon Ähnliches steckt. Das von Naber vorgeschlagene *βαλανείον* würde einerseits nicht passen, insofern es sich hier um Abhärtung handelt. Bäder aber (von den *θερμὰ λοετρά* abgesehen) ihr dienen, andererseits aber auf den Alten, der kein grosser Freund der Reinlichkeit ist (43 f. 50. 442), vortrefflich passen. Aber wozu die Änderung? Das überlieferte *γεγυμνάσθαι (ἀτέχει) καὶ τῶν ἄλλων ἀνόητον* passt gut, da der alte Bauersmann sicher dem Zeitvertreib in den Gymnasien und andern Modethorheiten abhold ist. Zur Feststellung der Lesart dürfen keineswegs Stellen herangezogen werden, die sich im Streit der Logoi finden (gegen Kock E. 37 f.), da es sich eben hier für den Adikos um den Pheidippides handelt, einen jungen Eleganten, dem gegenüber man mit andern Forderungen kommt, um ihn für die Sophistik zu gewinnen, wie dem alten Bauersmann gegenüber. Wenn der Adikos also, der einem genussreichen Leben das Wort redet, 1044 f. für die Warmbäder eintritt, so kann das ebensowenig bei 417 mitsprechen als der entgegengesetzte Ratschlag des Dikaios 991, soweit es die Lesart *βαλανείον* betrifft, und 1002. 1052 ff., soweit es die Lesart *γεγυμνάσθαι* betrifft. Höchstens 839 ff. liesse sich verwerten, wo Strepsiades, unter dem Eindrucke des bei Sokrates Erlebten, den Pheidippides für die Sokratische Schule zu gewinnen sucht und offenbar auf jene Verse 412 ff. Bezug nimmt: *ὃν ὑπὸ τῆς φειδωλίας ἀπεκείρατ' οὐδεὶς πώποτ' οὐδ' ἤλειψατο οὐδ' εἰς βαλανείον ἦλθε λουσόμενος*. Hiermit aber lassen sich dann beide Lesarten, *γεγυμνάσθαι* und *βαλανείον*, verteidigen, daher das überlieferte *γεγυμνάσθαι* festzuhalten ist.

Ich kehre nach dieser Abschweifung zurück. Wir haben gesehen, dass die Verse 412—419 und 420—422 unter sich in gutem Zusammenhange stehen. Wie verhalten sie sich zu ihrer Umgebung? Man hat es auffallend gefunden, dass der Chor auf seine Aufforderung: *φράζε πρὸς ἡμᾶς ὅ τι χρήζεις* (359) von dem Meister keine Antwort erhält. Zunächst lenkt der Alte durch den Ruf des Erstaunens (364) unauffällig ab, und dann steigert der Meister diesen ersten Eindruck, den der Alte von den Göttinnen erhalten, im folgenden noch dadurch, dass er die Bedeutung der Wolken als einziger Göttinnen ins rechte Licht setzt (365 ff.), von denen allein der Alte alles Heil zu erhoffen habe: das ist eine Reverenz gegen die Hehren, gegen die das Fehlen einer unmittelbaren Antwort nichts Anstössiges haben mag. Der Chor stellt nun seine Bedingungen, unter denen ihm alles Heil widerfahren soll (*ὡς εὐδαίμων γενέσθαι, εἰ . . .*). Strepsiades giebt seine Zustimmung (420—422). Es erfolgt die Vereidigung des Schülers auf die neuen Götter (423—426). Dann wird dem speziellen Zweck, der ihn hergeführt, näher getreten und Erfüllung in Aussicht gestellt (427—436), worauf gewaltiger Jubel des Alten (437—456). Unter Anerkennung seiner Willigkeit wird

[38] Und sicher aus demselben Grunde auch statt *τοῖς Ἕλλησι: τοῖς ἄλλοισι — χάσιν τοῖς ἀνθρ.* vgl. *ἐν βροτοῖσιν* (459 f.), *ἀνθρώπων* (462).

ihm solcher Ruhm im Processieren in Aussicht gestellt, dass man seine Thür belagern wird, um sich in schwierigen Fällen bei ihm Rats zu holen 457 475. Dann fordert der Chor den Meister auf, den Unterricht zu beginnen: *ἀλλ᾽ ἔχχειοι τὸν πρεσβύτην ὅ τι ποτε μέλλεις προδιδάσκειν* (476). So schreitet die Handlung in durchaus zufriedenstellender Weise fort. Die Verse, die die Vereidigung enthalten (423 426 , hätten wohl statt hinter 422 unmittelbar hinter 411 stehen können — müssen, wie auch Sauerwein S. 37, meint, jedenfalls nicht; denn durchaus passend wird die Vereidigung auf die Wolkengöttinnen, die nur der Lehrmeister vornehmen kann, an der Stelle vorgenommen, wo es in unserm Texte geschieht. Die Vereidigung ist der Beginn des neuen Lebensabschnittes: naturgemäss gehen die Mitteilung der Bedingungen und des Schülers Einverständnis voraus. So kann man a priori es nicht unterschreiben, dass die Verse 412—422 den Zusammenhang störten und dass aus einem rein äusserlichen Grunde Sokrates, der von 365 bis 411 gesprochen, erst seine Lektion habe fertig heruntersagen müssen (Fr. III, 6 f. IV, 10. Köchly 424). Dazu kommt, dass 427 f. sich jedenfalls besser an 425 f. , die andern Götter würde ich nicht einmal auf der Strasse grüssen und ihnen irgendwie opfern' anschliesst, was doch zu des Chors Worten *ἡμᾶς τιμῶν καὶ θαυμάζων* (428) die Erklärung enthält, als an 412—422, was die Bedingungen enthält. — Dass bei der Vereidigung an Stelle der *μόνα θεαί* (365) nun die Dreieinigkeit: *τὸ Χάος τουτὶ καὶ τὰς Νεφέλας καὶ τὴν Γλῶτταν, τρία ταυτί* (424) erscheint, das darf nicht Wunder nehmen. Dass *χάος* und *ἀήρ* gleichartige Begriffe sind, ergiebt sich (gegen Büch. 665 f.) gerade aus 627 *μὰ τὴν Ἀναπνοήν, μὰ τὸ Χάος, μὰ τὸν Ἀέρα*, wo eins und drei gleichartig sind und also doch wohl auch das mittlere Glied. Und wie kann die Erwähnung der Zunge neben den Wolken auffällig sein, wenn ihrer vorher (419), wenn auch nur flüchtig, Erwähnung geschah? (vgl. Ritter S. 464 und über die Verspottung der Lufttheorie des Diogenes von Apollonia — ein Satz lautete: ,Die Menschen sind an die Luft gewurzelt mit ihren Nasen und ihrem ganzen Körper' — Diels b 427 f. a 105 ff. c. 575 ff.). Wie die Worte *καὶ τῇ γλώττῃ πολεμίζων* (419) auf die *Γλῶττα* als Göttin (424) hinweisen, so leitet die Erwähnung der *Γλῶττα* zu der folgenden speziellen Bitte des Alten über: *εἶναί με λέγειν . . . ἄριστον* (430) und zeugt ihrerseits wieder für die enge Verbindung von 423—426 und 427 ff.

Noch bleibt eines zu rechtfertigen, das abbrechende *ἀλλ᾽ ἔχχειοι* (476), mit dem der Chor den Alten dem Meister übergiebt. Bücheler (S. 666 f. , dem sich Weyland S. 31 f.) anschliesst, ist der Ansicht, „dass das blosse *ἀλλ᾽ ἔχχειοι* von der Anrede des Strepsiades zu der des Sokrates nicht überleitet, sondern überspringt. Dagegen stand es auf dem rechten Fleck, wenn der Chor auch im vorigen zu Sokrates gesprochen hatte. Und dem war in den I. Wolken wirklich so." Nach dem Vorgange von Teuffel nimmt er an, dass das Chorlied 804—813 nach 456 und vor 476 gestanden habe. „Dort war Strepsiades *ἔτοιμος ἅπαντα δρᾶν* (807 ähnlich 458 , dort entzückt über die Erscheinung und Verheissung der Wolken und sichtlich begeistert für die Sokratische Zucht (810), dort war es Zeit dem Sokrates zu raten, rasch den Kerl zu schröpfen, da solche Gemütsstimmung nicht lange vorzuhalten pflege (812). Setzen wir nach 456 die Chorpartie 804—813 ein und nach dieser 476, so ist auch das Bedenken, welches der Anfang dieses Verses erregte, beseitigt. Das Chorlied 804—813, welches gegen den Philosophen die Anklage gemeiner Selbstsucht schleudert, ersetzte der Dichter durch das Zwiegespräch der Wolken und des Strepsiades 457—475. Jenes Lied aber geriet an einen Ort, wo es der Handlung fremd zum Lückenbüsser zwischen zwei Scenen wurde, weil es eben Chorlied war." Eine solche Wanderung des Chorliedes wäre immerhin auffallend. Aber ein anderes: Wo in aller Welt konnten die Wolken mit ihrem gesunden Organ (292, 357) es fertig bringen, an der von Teuf.-Büch. vorgeschlagenen Stelle die Aufforderung an den Sokrates, jenen Kerl zu rupfen, in der Weise zu singen, dass wohl Sokrates und das athenische Publikum, aber beileibe nicht der doch auch anwesende Strepsiades es hörte?! Noch hatten ihm die Wanzen des δσκάντης nicht so zugesetzt, dass er, völlig erschöpft, zu schlafen schien! Wie ἐκπεπληγμένον καὶ φαιρῶς ἐπηρμένον zu fassen und dass das ganze Lied vortrefflich in den überlieferten Zusammenhang passt, ward oben (S. 15 f.) dargethan. War eine solche Aufforderung im ersten Teile überhaupt nötig? Wohl kaum: denn unaufgefordert hatte der Alte sich bereit erklärt (245 f.), jedes beliebige Honorar zu zahlen. Weshalb soll sich auch (in dem vorgeschlagenen Zusammenhange) dergleichen rasch wenden? Bei dem Alten, der noch eben den Jubelhymnus losliess, möchte doch ein solcher Stimmungswechsel nicht leicht zu befürchten sein. Weit eher bei dem Strepsiades, den der Meister kurz zuvor so schnöde behandelt hat (789 f..); der mag wohl in seiner begreiflichen Aufregung zunächst auf des Chors Rat eingehen — aber wird er nicht, ruhiger geworden, daheim sich die niederträchtige Behandlung, die er erfahren, in die Erinnerung zurückrufen und lieber auf eine Hülfe von solcher Seite verzichten? Das war zu befürchten, da hiess es wirklich: das Eisen schmieden, so lange es warm ist! — Und ist denn der Übergang 476 wirklich ein solcher Sprung? Die Unterweisung des Alten ist schon 436 vorbereitet: ἀλλὰ σαυτὸν θαρρῶν παράδος τοῖς ἡμετέροις προπόλοισιν. Nun hat der Schüler den Eid geleistet, der Chor prophezeit ihm nochmals, nach bekanntem Recept, eine grosse Zukunft. Jetzt kann's beginnen: mit einer Wendung zu dem Meister hin und einer Geste auf den Alten (so hat er ihn schon 358 angeredet), übergiebt der Chorführer den Schüler: ἀλλ' ἐγχείρει τὸν πρεσβύτην.

Ergebnis: **Die Verse 412—419 und 420—422 stehen sowohl unter sich wie mit ihrer Umgebung in vernünftigem Zusammenhange. Das abbrechende ἀλλ' ἐγχείρει (476) ist nicht zu beanstanden. Ein Schluss auf zwei verschiedene Redaktionen der Wolken ist verfehlt.**

f. Die Vorprüfung (478 ff., besonders 491).

Zum Verständnis des Zusammenhangs muss man sich die Natur des alten Schülers, besonders seine Neigung, immerfort Witze an den Mann zu bringen, vergegenwärtigen[39].

Dieser Zug tritt uns gleich bei seinem ersten Auftreten entgegen, wo er, während der Sohn laut schnarcht, schlaflos da liegt, von seinen Zinsen zerbissen (12 f.), vom Exekutor aus den Decken gebissen (37, vgl. 634. 709 f.. Sein Gespräch mit dem Unterlehrer Chairephon wie auch seine Unterhaltung mit dem Meister liefern reichliche Belege dafür. Besonders liebt er derbe Spässe 165. 174. 193. 293. 295. 373. 387. 389 ff. 653 f. 713 f. 734 u. a.). Wie er die Stimme der Wolken vernommen, kommt es wie eine Art Begeisterung über ihn (309), so dass er Parodieen dithyrambischer Gedichte vorträgt (335 ff.). Mit Fragen und Bemerkungen, die sein Interesse bezeugen, be-

---

[39] Ich muss es mir versagen, die Aufstellungen Brentanos im einzelnen zu widerlegen. Bei seiner Jagd auf Widersprüche muss alles herhalten. Daraus, dass der Alte von Mehl und Backtrog spricht, wird geschlossen, er müsse ein Bäcker sein, so dass er in N I ein genauer und sparsamer Ökonom, in N II seines Zeichens ein Bäcker gewesen sei, dort ein Mann mit gesundem Witz und unverkennbarem Geschick, hier ein Mann von äusserst bornierter, schwachmütiger, tölpischer Natur u. s. w. Der Strepsiades I wäre nur darauf ausgegangen, keine Zinsen zu zahlen, dagegen der Streps. II die Schulden überhaupt abzuleugnen (vgl. 53 ff.). „Wir hätten demnach die merkwürdige Thatsache zu konstatieren, dass diese Hauptfigur unseres Stücks in Bezug auf ihren Stand, ihren Charakter, ihre geistige Befähigung und ihre Tendenzen sich ohne grosse Schwierigkeit in zwei Hälften zerlegen lässt, deren jede für sich allein betrachtet erst den unerlässlichen Anforderungen der dramatischen Charakteristik wirklich genügt."

gleitet er des Meisters Ausführungen (351. 353 f.), er bringt Beispiele aus dem täglichen Leben, so die Blutwurstgeschichte (408 ff.). Welche Zungengewandtheit entwickelt er in dem Pnigos 439 ff.! Das Schwätzen versteht er schon: ἐμοῦ παρανοήσαντος ἀδολεσχία (1480), das Processreden freilich nicht — das meint er mit dem λέγειν im Vers 487: λέγειν μὲν οὐκ ἔνεστ᾽, ἀποστερεῖν δ᾽ ἔνι. Prellen kann er schon, das steckt in seiner Natur, leider hat er noch nicht die Fähigkeit Processe zu gewinnen durch Zungengewandtheit: dass der Witz „frostig unter allen Umständen" sei (Kähler z. d. St., auch Kock), empfinde ich nicht, jedenfalls ist der Witz nicht mit dem erstern „in possenhafter Abteilung von ἀποστερεῖν in ἀποστ-ερεῖν — λέγειν᾽᾿ zu suchen. Dumm erscheint der Alte keineswegs. Wenn der Meister ihn einen unwissenden, linkischen, bäuerischen Kerl schilt (492 f. 628 f. 646. 655. 790), so spricht daraus hauptsächlich der Ärger des Weisheitsapostels darüber, dass der Alte gar keinen wissenschaftlichen Ernst zeigt und alles ins Lächerliche zieht. Wiederholt hat er ihm das verwiesen (263. 296 f. 500. 505. 783). Die Vergesslichkeit — der Alte nennt sich selbst so (129. 854 f.) — giebt schliesslich nur den Vorwand ab (785 f. vgl. 629 ff.), um den Alten fortzujagen; denn letzteres ist bereits beschlossene Sache (vgl. o. S. 23 An. 32). Strepsiades hat den Bedingungen (414 f.) nicht genügt, und so jagt ihn der Meister weg: οὐκ ἐς κόρακας ἀποφθερεῖ ἐπιλησμότατον καὶ σκαιότατον γερόντιον (789 f.). Dass der Alte in der That nicht so vergesslich und dumm ist, beweist er, als er seinen Sohn dazu bringt, in die Schule des Sokrates zu gehen und als er die Gläubiger abfertigt. Er spreizt sich voll Selbstgefühl mit der neuen sophistischen Bildung (Büch. 671). Mögen es auch nur Weisheitsbrocken sein, er hat doch in der That manches gelernt und behalten. So schwört er bei der Nebelluft (814), kopiert den Meister in Redewendungen (1232 f.: 246 f., 821: 398, 1503: 225), leugnet die Existenz des Zeus (817 ff. 1234 f. 1240 ff.: 366 f.), lässt den Dinos herrschen (828: 380), spricht vom Flohsprung (831: 144 ff.), thut geheimnisvoll wie Unterlehrer Chairephon (824: 143), entwickelt Grammatisches (848: 661 ff., 1284 ff. 1258: 669 f.) [49]. Sollte es nun, wo sich doch der Alte so pfiffig und witzig zeigt, wie er sich denn auch einmal selbst klug und weise nennt: αὐτὸς δ᾽ ἔχει ὡς σοφός (1207), auffallend sein, wenn er hier und da was Eigenes bringt, das er aus des Meisters Munde, wenigstens vor versammeltem Publikum, nicht vernommen hat? Schon ehe er in die Schule zieht, zeigt er sich nicht unbekannt mit naturwissenschaftlichen Dingen (95 ff., nach Diels e 581 dem Kratinos frgm. 155 entlehnt). Eine solche Selbständigkeit findet sich in der That im Gespräch mit Amynias 1278 ff. und 1287 ff. Wohl ist im ersten Teile von des Zeus Regen die Rede gewesen (373), auch vom Anziehen der Feuchtigkeit (232 f.), aber der Einfall εἶτά νυν, πότερα ῥαΐζεις καιρὸν ἀεὶ τὸν Δία ἔτιν ὕδωρ ἑκάστου᾽, ἢ τὸν ἥλιον ἕλκειν κάτωθεν ταὐτὸ τοῦθ᾽ ὕδωρ πάλιν (1278 ff.) bleibt doch originell. So auch der Beweis, dass, sowenig trotz der zufliessenden Ströme das Meer an Wassermenge zunehme, das Kapital sich um die Zinsen mehren könne (1287 ff.). Daraus nun, dass der Alte dem Gläubiger erklärt (1283 f.), wenn er sich um die Himmelserscheinungen nicht kümmere, verdiene er gar nicht sein Geld wiederzubekommen, hat Bücheler (S. 671) geschlossen, dass jenes Problem über den Regen gleichfalls früher von Sokrates dem Alten aufgegeben worden, dass also in der Unterrichtsscene in NI auch die Naturkunde zur Sprache gekommen sei. Naturwissenschaftliche Dinge sind nun aber, abgesehen von 364—411, schon im Gespräch des Alten mit dem Unterlehrer Chairephon gestreift worden z. B. über die Natur der Mücken-

---

[49] Dass der Alte im Augenblick der Prüfung: τί ἦν, ὃ πρῶτον ἐδιδάχθης; λέγε (786) nicht sofort das Wort ψάθωσις findet, ist doch nicht so auffallend, um drum mit Weyland (S. 30) 1218 ff. und 787 ff. unvereinbar zu finden. — Pheidippides seinerseits kopiert den Alten (1329 f.: 910 ff. 1167: 871. 1468 f.: 821. 827. 1470 f.: 828. 1356 ff.: 967 ff. (Dik.), 1429: 1019.

stimme (157 f. 164. 192) nach Diels a 161 A. 35) eine Persiflage der damaligen physikalischen Erklärung der γνρή . Wir wissen durch Diels, dass Hippon die Wassertheorie des Thales, Diogenes von Apollonia (vgl. o. S. 30) die Luftlehre des Anaximenes auffrischte und dass beider Versuche den Spott der Zeitgenossen herausforderten. Wie die Luftlehre in den Wolken persifliert wird, so auch jene Wassertheorie im ersten Chorlied (275 ff.), wo der Okeanos das Leitmotiv bildet, ferner in dem 192 erwähnten Tartaros, dem Behälter aller Wasser, die von dort aus Meere, Seen und Flüsse speisen, und wohl auch in jenen erwähnten Problemen. Solche Fragen möchten vielbesprochen und ähnlich der πτηνός-Theorie auch einem Strepsiades geläufig sein. Schliesslich bleibt auch noch die Möglichkeit, sich die weitere Unterweisung in den μετέωρα πράγματα als hinter der Scene — während der Parabase — erfolgend zu denken. Diese Möglichkeit schneiden sich freilich Köchly (424 f. 427), Bücheler (670 f.), Brentano 88), Naber (319) ab, indem sie annehmen, dass der propädeutische Unterricht (478—496 und 636—692) in N I nicht durch die Parabase des Chors unterbrochen worden sei. Prüfen wir die Sache. Ähnlich dem Verfahren des historischen Sokrates (Süv. S. 6. Gehr. S. 7) ist der Alte vom Lehrer auf seine Lernfähigkeit geprüft worden 478—496), wie mich dünkt, in völlig ausreichender Weise. Das Ergebnis der Prüfung: διακύνει τὸν νοῦν αὐτοῦ καὶ τῆς γνώμης ἀποπειρῶ (477) ist kein erfreuliches. Auf des Meisters Fragen weiss er nur stets mit einem Witze zu antworten; lediglich „die entschiedene Neigung zum Processieren gefällt dem Sokrates so gut, dass er den Novizen sofort in den Denkerorden aufnehmen will" (Kock z. V. 497). Eine solche witzige Antwort hat er auch auf des Sokrates Worte bereit: ἄγε νυν ὅπως, ὅταν τι προβάλω σοι σοφὸν περὶ τῶν μετεώρων, εὐθέως ὑφαρπάσει (489 f.) — τί δαί; κυνηδὸν τὴν σοφίαν σιτήσομαι (491). Sokrates ist darüber höchst ungehalten und droht mit Hiehen: δέδοικά σ', ὦ πρεσβῦτα, μὴ πληγῶν δέει (493). Er knüpft daran eine neue Frage, was er denn, im Falle der Hiebe, thun werde. Auf die Himmelsidee kommt der Meister nicht zurück. Dass nun Sokrates auf die schnöde Bemerkung des Alten hin das meteorologische Problem fallen lässt, ist ebensowenig befremdlich, wie wenn Strepsiades, der 1278 ff. im Begriff ist, dem Amynias ein Kolleg über das Regenproblem zu halten, auf des Gläubigers ablehnende Bemerkung: οὐκ οἶδ' ἔγωγ' ὁπότερον, οὐδέ μοι μέλει (1281) nicht weiter auf die μετέωρα πράγματα zu sprechen kommt. Im vorliegenden Falle zeigt sich in dem übel angebrachten Witz derselbe Mangel an Interesse. Mir scheint, gerade die kurzen Fragen (483, 486, 488, 494), von einem zum andern abspringend, sind das richtige Mittel, die Natur des Schülers zu erproben: κάτειπέ μοι τὸν σαυτοῦ τρόπον (478), und ich kann in Kocks Tadel (E. 48), es sei „eine Vorprüfung in lauter einzelnen Ansätzen, die nicht zur Entwickelung kommen" durchaus nicht einstimmen und drum auch nicht die „Abkürzung einer ursprünglich längern Fassung (mit eingehenderer Prüfung)" darin sehen.

Bücheler, Kähler (z. V. 636), Kock (E. 49) irren, wenn sie annehmen, Strepsiades trete nicht ein, um in irgend welchen Vorkenntnissen unterwiesen zu werden, das geschehe erst 636: ἄγε δή, τί βούλει πρῶτα νυνὶ μανθάνειν . . Sie übersehen, dass diesen Worten folgt τῶν οὐκ ἐδιδάχθης πώποτ' οὐδέν ,was willst du von dem, worin du noch nicht irgendwie (d. h. von mir, Sokrates, oder etwa von Chairephon) unterrichtet wurdest, zuerst lernen?' Die Stelle beweist also im Gegenteil, dass der Unterricht hier, bei V. 636, keineswegs erst beginnt. Dieser Unterricht kann aber nicht in 478—496 gefunden werden, wo der Meister sich nur einigermassen über die Natur des Schülers informieren will. So bleibt nur die Annahme übrig: die Belehrung beginnt hinter der Scene während der Parabase. Also auch der Zusammenhang spricht dafür, dass die Parabase dort hat stehen müssen, wo sie überliefert ist. Bücheler will nun (S. 673 f.) die Parabase für N I zwischen 802 und 814 versetzt wissen. Die Anapäste ἀλλ' ἴθι χαίρων τῆς ἀνδρείας εἵνεκα ταύτης (510 f.) sollen diese Ansicht stützen, da „jener Segenswunsch des Chors füglich 802 den mit mannhaftem Entschlusse heimgehenden Alten begleitete." Niemand wird leugnen, dass die beiden Verse in dem überlieferten Zusammenhange ihren guten Sinn haben: eine ἀνδρεία ist der Entschluss des Strepsiades auf seine alten Tage noch die Schule des Altmeisters zu besuchen, und dieser mannhafte Entschluss wird im folgenden vortrefflich begründet: ὅτι προήκων ἐς βαθὺ τῆς ἡλικίας μωρίας τὴν φύσιν αὐτοῦ πράγμασιν χρωτίζεται καὶ σοφίαν ἐπισκεῖ. Wie matt dagegen die Deutung jener ἀνδρεία auf den Entschluss, seinen Jungen zu holen und, falls er nicht pariert, zum Hause hinauszuwerfen! Gewiss, so entschieden ist der Alte das erste Mal nicht gewesen. Da scheute er sich, den Herrn Sohn zu wecken (79), in den zärtlichsten Ausdrücken redet er ihm an (80 ff. 86 f.), er bittet den liebsten der Menschen doch in des Sokrates Schule zu gehen 110 f.. Aber auch da schon redet der Alte, als der Junge sich weigert, ein kräftig Wörtlein: . . ἔξειό σ᾽ ἐς κόρακας ἐκ τῆς οἰκίας (123). Seine Drohung fruchtet aber nichts, noch ist ja für den Junker Leichtsinn der feudale Grossonkel Megakles da. Aber der Alte rafft sich zu einem wahrhaft mannhaften Entschlusse auf ἀλλ᾽ οὐδ᾽ ἐγὼ μέντοι πεσών γε κείσομαι, er geht hin und wird Schüler (ἀλλ᾽ εὐξάμενος τοῖσιν θεοῖς διδάξομαι αὐτός, βαδίζων εἰς τὸ φροντιστήριον 126 f.). Was ist dagegen die spätere That, dass er jene Drohung wahr machen und den Pheidippides im Weigerungsfalle vor die Thüre setzen will! Zudem ist bei der Ausführung von ἀνδρεία herzlich wenig zu entdecken. Erst hebt er, genau an 124 f. anknüpfend, kräftig an: οὗτοι . . ᾽ἐνταυθοῖ μενεῖς ἀλλ᾽ ἔσθι ἐλθὼν τοὺς Μεγακλέους κίονας"; als das aber nicht zieht — der Junge hält den Alten einfach für verrückt —, da fasst der Vater die Sache sehr diplomatisch an. Er sucht ihm mit den neuen Wissensbrocken zu imponieren, reizt seine Neugierde (822 ff. καὶ σοι φράσω τι πρᾶγμ᾽ ὃ μαθὼν ἀνὴρ ἔσει 1167 ist er's geworden: ὅδ᾽ ἐκεῖνος ἀνήρ — und thut recht geheimnissvoll: ὅπως δὲ τοῦτο μὴ διδάξεις μηδένα (824). Nur 835 ff. fällt er einigermassen aus der Rolle: denn mit seinem Bericht über die ἄνδρες δεξιοὶ καὶ νοῦν ἔχοντες, die sich aus Sparsamkeit nicht scheren, noch baden, noch salben, kann er dem Elegant nicht imponieren. Erst 839 deutet er seinen Wunsch an und kommt 860 wieder darauf zurück, jetzt dringender, und schliesst mit dem Hinweis auf alle die Liebe, die er ihm erwiesen, als er noch in den Kinderschuhen steckte. Und was giebt schliesslich den Ausschlag? εἶτα τῷ αὐτῷ πιθόμενος ἐξάμαρτι (860 f., folge mir dies eine Mal, und dann darfst du drauf lossündigen — das ist die ἀνδρεία des Alten, wenn die Parabase zwischen 802 und 814 eingeschoben wird!

Aber auch noch andere Schwierigkeiten ergeben sich bei Versetzung der Parabase. Die Verse 496 bezw. 491 Büch. bis 510 und 627—636 gehören dann der Überarbeitung (N II) an, also auch 503 οὐδὲν ὁμοίοις Χαιρεφῶντος τὴν φύσιν. Nun soll aber gerade in N I Chairephon eine verhältnismässig grosse Rolle gespielt haben, diese Figur aber in N II zurückgetreten sein. Merkwürdig, dass der Dichter hier im Vers 503 die Figur wieder hineinbrachte! Ferner: mit der Beseitigung der Verse 497 ff. für N I fällt auch das κατάθου θοἰμάτιον (497. 500) fort. Nun wird aber 856 f. auf diese Ceremonie Bezug genommen. Das müsste Büch. füglich auch N II zuweisen, da er doch auch S. 671) an der Nichterwähnung des Ablegens der Schuhe in den Versen um 497 — der Verlust wird 719 (wo das ἱμάτιον fehlt!), 858 erwähnt — Anstoss nimmt. Bei unserer Auffassung, dass der

---

1) Brentano (S. 53) nennt diese Behandlung „eine strenge und harte"; so kann er wieder einen Gegensatz konstatieren, da der Alte sonst „dem Sohne gegenüber ein äusserst zärtlicher und schwacher Vater ist". Seine Grobheit dem Sklaven, dem Gläubiger, auch dem Philosophen gegenüber verträgt sich sehr wohl mit seiner Nachgiebigkeit daheim; da führt die adelige Frau Mama das Regiment. Das ist doch wahrlich kein Widerspruch, wie ihn Brent. wieder entdeckt haben will (vgl. auch ebd. S. 64).

Unterricht hinter der Scene beginnt, bleibt die Möglichkeit, sich das Raubsystem dort fortgesetzt zu denken. Will man nun nicht annehmen, dass die Verse 856 ff. allein vom Dichter in N II in die Scene hineingebracht worden seien, dass vielmehr auch die Umgebung N II angehöre, so kämen wir, abgesehen davon, dass auch 831 wieder der unselige Chairephon auftaucht, zu dem wenig wahrscheinlichen Resultate, dass die grammatischen Reminiscenzen den N II, dagegen die betr. Teile des Unterrichtes N I angehörten. – Dass der ἀσκάντης herausgeschafft wird 633 ἔχτι τὸν ἀσκάντην ἐσφόρει, fiele nun in N II. Wir glauben aber oben bewiesen zu haben, dass das Wanzenmotiv schon in N I wirksam war; dann aber auch das Marterinstrument! Sein Herausschaffen muss somit in N I erwähnt worden sein.

Ergebnis: Der überlieferte Zusammenhang 478–694 ergiebt einen durchaus vernünftigen Sinn. Anzeichen einer Umarbeitung sind hier nicht zu finden.

g. Situation bei Vers 195: ἀλλ᾽ εἴσιθ᾽ ...

Wegen des ἀλλ᾽ εἴσιθ᾽, ἵνα μὴ ᾽κεῖνος ἡμῖν ἐπιτύχῃ hat man die Verse 195—199 als den Zusammenhang störend ausscheiden wollen: in N II habe auf 194 αὐτὸς καθ᾽ αὑτὸν ἀστρονομεῖν διδάσκεται eigentlich 200 πρὸς τῶν θεῶν, τί γὰρ τάδ᾽ ἐστίν; εἰπέ μοι folgen sollen. Es fragt sich: sind die Schüler nach 184 (ὦ Ἡράκλεις, ταυτὶ ποδαπὰ τὰ θηρία;) schon im Innern des Hauses? Nach Ritter (S. 464) ist „der Schauplatz der Handlung der freie Raum – die Strasse – zwischen dem Hause des Strepsiades und dem gegenüberliegenden des Sokrates; das letztere ist ein kleiner Bau – οἰκίδιον V. 92) mit einer niedrigen Thür (θύρᾳ), durch welche der Eintritt in einen einzigen Innenraum wahrscheinlich nur in gebückter Stellung erfolgen konnte (V. 508). Der lernbegierige Strepsiades tritt in dieses Schulzimmer erst mit V. 510 (ἀλλ᾽ ἤδη χώρει – als neuer Zögling ein, aber nicht schon mit V. 184, wo er vor der Thürschwelle stehend in das Innere hineinschaut. Die drei Gegenstände, welche er in unmittelbarer Nähe besicht, die ἀστρονομία und γεωμετρία (V. 201–202) und γῆς περίοδος πάσης werden entweder an der Innenseite der nach aussen vom Schüler geöffneten Thür oder auf einem bis zur Thürschwelle vorgeschobenen Gestelle angebracht gewesen sein, so dass mit dem Finger darauf hingewiesen werden konnte, ohne dass der neue Lehrling das Innere des Häusleins zu betreten brauchte“. Mit dieser Annahme eines einzigen Innenraumes, also ohne Vorraum – einen solchen nimmt Büch. (S. 668) an „nicht bedeckter Vorraum und eine gedeckte Halle“, ähnlich Schönb. (S. 345 f.) „Schuppen, nach vorn hin offen und von der Strasse durch einen kleinen Hof gesondert“, Zieliński (S. 36) denkt sich vor dem Hause einen Garten – lässt sich die Identificierung von τοικίδιον (92), τὴν οἰκίαν (1489) und φροντιστήριον 94. 181. 1144. 1487 am besten vereinigen. Wenn 1485 ff. vermittelst der Leiter aufs Dach gestiegen werden soll, so hören wir nichts vom Passieren eines unbedeckten Vorraumes, sei es nun Hof oder Garten. Die Thüre, an der der Alte klopfte (132), führte gleich ins Innere des Studienraumes. Während Witten (S. 9) annimmt, dass sich der Thüröffner von vornherein draussen mit dem Alten unterhielt, bin ich eher geneigt, den ersten Teil der Unterhaltung bis 183 mir so zu denken, dass Chairephon ein wenig die Thür öffnet und durch den Spalt sich mit dem draussen Stehenden unterhält; denn dieser bekommt zunächst nichts von dem Innern zu sehen. Als Strepsiades schliesslich den Sokrates sehen will (181 ff. ἄνοιγ᾽, ἄνοιγ᾽ ἀνύσας τὸ φροντιστήριον ... ἀλλ᾽ ἄνοιγε τὴν θύραν), öffnet er die Thür ganz: den Augenblick benutzen die Schülerlein, die hinter Chairephon aus Neugierde oder aus Verlangen nach frischer Luft sich angesammelt, um in gebückter Stellung durch die niedrige Thür zu schlüpfen. Das deutet das Scholion zu V. 195 an: κατὰ τὸ σιωπώμενον, μᾶλλον ἐξελήλυθότων ἐκ τοῦ φροντιστηρίου*). Der noch draussen befindliche Strepsiades sieht drum diese zuerst: ὦ Ἡράκλεις, ταυτὶ ποδαπὰ τὰ θηρία; An die komische Stellung der sicher hungerleidig aussehenden Schüler knüpft sich ein Gespräch an, bis Chairephon sie hineinschickt, damit sie der Meister nicht da draussen antreffe (195). Sokrates, der mit den μετέωρα beschäftigt ist (225), wird sie augenblicklich nicht bemerkt haben, wie sie durch die Thüre schlüpften. Sähe er sie, dann wehe ihnen, an der Luft dürfen sie nicht lange bleiben (198 f.). Dem Wunsche des Alten, er möge sie noch etwas draussen lassen, wird nicht entsprochen (vgl. o. S. 21), die Schüler verschwinden wieder ins Innere. Nun fällt des Alten Blick auf die verschiedenen Instrumente, bis er (218) im Hintergrunde des Schuppens den Meister in der Höhe erblickt. Auf des Strepsiades Aufforderung hin (237) steigt der Meister hinab und kommt zu ihm an die Thür, vor der wohl der πρὸς σκίμπους (254) angebracht war. Der Alte legt dort — also draussen — sein Gewand ab (497. 500), um dann in gebückter Haltung die Stufe hinabzusteigen (508 εἴσω καταβαίνων), die ins Innere führte. Nicht ohne Zaudern betritt er das Allerheiligste, das φροντιστήριον (509). Also bis dahin spielt die Scene draussen auf der Gasse, das εἴσελθ' hat seine Erklärung gefunden, und man braucht drum nicht mit Bücheler (S. 670) auf Umarbeitung zu schliessen. Auch Chairephon, den man in der Scene vermisst hatte, ist dort untergebracht. Dem Euripides freilich, den man auf Grund einer Nachricht bei Diogenes Laert. II, 18, in der Annahme, dass in N I den Schülern ein grösserer Raum vergönnt gewesen, einen Platz in dieser Scene hat anweisen wollen[42]), ist die Aufnahme zu verweigern aus dem einfachen Grunde, weil die Komödie nichts enthält, was einen Unterschied zwischen N I und N II bewiese.

Ergebnis: Die Verse 195—199 passen in den Zusammenhang, scenische Bedenken liegen nicht vor.

h. Lassen sich 108—118 rein herausschälen?

Der Alte will den Pheidippides bestimmen, seine Liebhabereien dran zu geben und die Kunst zu lernen, durch die man die Gläubiger prellt. Er deutet die Not schon 106 an: εἴ τι κήδει τὸν πατρῷον ἀλφιτον, auch die Ursache der Not: οὗτος γὰρ ὁ θεός sel. Ποσειδῶν ἱππιος αἴτιός μοι τῶν κακῶν (85), ὀφλισκάνειν τὴν ἱππικήν (107), auch ganz allgemein das Mittel zur Abhülfe: λέγοντα κακῶν καὶ δίκαια κἄδικα (99). Aber deutlich wird der Alte doch erst 112—118. Da hört der Sohn, dass jene Not die Schulden sind, in die er durch den Rennsport des Sohnes geraten 117, da erst kurz und bündig das Mittel zur Abhülfe, das Erlernen des ἀδίκου λόγος: κακὸν λέγοντα ... τἀδικώτερα (115 f.). Die Steigerung, das Wesentliche, das in den Versen 112—118 enthalten ist, fällt bei jener Ausscheidung fort[43]). Diesen Fortschritt verkennt Kock (E. 40), wenn er sagt: „Statt dessen beginnt

---

*) Auch im Vat. (Zacher S. 702 A 1) ἀπὸ τοῦ εἴσω καὶ τοῦ ἐπαναβάντων δείκνυται ὅτι καὶ ἄλλοι τινὲς τῶν Σωκράτους μαθητῶν ἐντεῦθεν τῇ μανίᾳ τῇ μετὰ Στρεψιάδου ὑπεισίσιν.

[42]) Προστομάργης Νεφέλαις: Εὐριπίδης δ' ὁ τὰς τραγῳδίας ποιῶν τὰς ἀηδιαίνας αὐτός ἐστι τὰς σοφάς. Fr. V, 9 Conj. Εὐριπίδου .. τὰς τραγῳδίας ..] will sie in N I um 218 unterbringen. Teuf. e 226 t. um 184 als blossen Bestandteil der Menagerie. Nach G. Herm. XVIII f., Beer 124 f., Ritter 459 sind die Verse wahrsch. dem Telekleides entnommen. Vgl. noch Süv. 57 f., Fr. Qu. 151. 155. 169. V. 3. 9. Büch. 670, Nab. 317, Kühler E. 30. A. 13, Kock E. 42. Witten (S. 4), der sich gegen Fritzsches Conjektur wendet, führt als Grund für die Wahrscheinlichkeit, dass Euripides unter den Schülern des Sokrates in N I gewesen — ungefähr nach 194 mit Reisig — den Umstand an, dass nach Ailian (Var. Hist. II, 13) u. a. beide befreundet waren!

[43]) Ähnlich Bücheler (S. 675) „sie (112 ff.) mussten so oder wenig anders dort (sel. in N I) stehen, da es

die Scene nochmals von vorn . . . die Frage des Sohnes, was er denn lernen soll, als ob er das nicht eben aus des Vaters Munde gehört hätte: und hierauf ein nunmehr ganz anders lautender Bescheid . . Wiederum weigert sich Pheidippides . ." Der Bescheid lautet nicht ganz anders, sondern nur genauer, insofern sich der Schuldner nicht durch λέγοντα καὶ δίκαια κάδικα (99), sondern nur durch das letztere (115 f.) dem drängenden Gläubiger entziehen kann. Freilich weigert sich Pheid. wiederum, aber die Weigerung bezieht sich nicht auf dasselbe. Bei den Worten des Alten: τοῦτον γνοῦ μοι σοφώτατος τὴν ἱππικήν (107) knüpft die Antwort des Sohnes nur an das zuletzt Gehörte an: οὐκ ἂν μὰ τὸν Διόνυσον . . .meine Liebhaberei lasse ich um alles in der Welt nicht', und es ist also nicht mit Kock γενοίμην τοῦτον, mit Kähler τοῦτο ποιοίην, τοῦτον γενοίμην zu ergänzen. Dagegen mit οὐκ ἂν πιθοίμην (119) weigert sich der Sohn in die Sophistenschule zu gehen. — Indem wir in den Versen 112 ff. eine Vorbereitung auf die den aufgeführten Wolken angehörige Kampfscene erblicken, brauchen wir nicht zu dem Auskunftsmittel Büchelers (a. a. O.) zu greifen, der sagt: „sie konnten unverändert dort (N) stehen, da 112 εἶναι παρ' αὐτοῖς φασιν ἄμφω τὼ λόγω und die übrigen Verse auch ohne die Vorstellung der Logoi als leibhaftiger menschenähnlicher Wesen zutreffen." Der Alte hat sie sich sicher nur persönlich vorgestellt.

Ergebnis: Ein Anlass, für N1 die Verse 108—118 zu streichen, wie Köchly (423), Naber (316 f.), Zieliński (355), Kock (E. 40), Schanz (E. 10) gethan, liegt nicht vor.

i. Die zweimalige Erklärung des Donners (383—387).

Der Vers 383 οὐκ ἤκουσά πω . . weist ausdrücklich auf die frühere Stelle 376 ff. zurück. Ritter hat Recht, wenn er (S. 463 f.) sagt: „Sokrates ist in demselben Falle, wie mancher andere Lehrer, der einen stumpfsinnigen Schüler zu unterrichten hat. Überdies liegt der Grund, warum die Entstehung des Donners hier zum zweiten Male erklärt wird, ziemlich offen am Tage. Erstens will Aristophanes die dem Sokrates eigene Induktionsweise lächerlich machen (V. 385—387, 392 f.) und zweitens einen derben, auf die grosse Masse des gemeinen athenischen Publikums berechneten Witz anbringen; es soll die Volksmasse in ein schallendes Gelächter ausbrechen." Ähnlich Witten (S. 9 f.).

2. Der Aufbau des Ganzen.

Schon der vorige Abschnitt liess erkennen, wie die Handlung stets fortschreitet. Abgesehen von den mannigfachsten Beziehungen der einzelnen Scenen zu einander ward besonders die Bedeutung des Zweikampfes der Logoi für die weitere Entwickelung dargethan. Überhaupt ist der dramatische Aufbau des Meisters der Komödie würdig.

Der alte Strepsiades, durch die noblen Passionen seines Sohnes in Schulden geraten, geht — sein Sohn weigert sich — selbst in die Sophistenschule des Meisters der Rede, Sokrates, und seines hagern Unterlehrers Chairephon, um in den drohenden Processen gegen die Gläubiger obzusiegen. Der Versuch des bejahrten Landmanns scheitert an seiner unphilosophischen Natur, die immer nur zu Spässen aufgelegt ist. So jagt ihn zuletzt der Meister weg unter dem Vorgeben, er sei doch gar zu tölpelhaft und vergesslich. In grosser Aufregung — der Ruin des Hauses steht bevor —

gilt, dem Pheidippides klar zu machen, zu welchem Zweck er bei den Sophisten in die Schule gehen soll." — τί σοι μαθήσομαι (111) wohl in dem Sinne ,wozu', vgl. V. 693 und Krüger Spr. 46, 3, 1. σοὶ ἐς πτῆσιν σοῦ (vgl. Schol. z. d. V. und 839).

38

sucht er den Sohn auf. Es gelingt ihm jetzt, dessen Abneigung gegen die Schule zu überwinden.
Hatte der Schulbesuch des Alten dargethan, wie der sophistisch geschulte Redner auf allen möglichen
Gebieten beschlagen sein muss, so wird in dem nun folgenden Kampf der Logoi gezeigt, wie ver-
kehrt und sittlich bedenklich diese Richtung ist. Pheid. entscheidet sich selbst für diese Richtung,
die in dem Siege des Logos Adikos über den Dikaios dargestellt wird, und der Alte, der dem
Streit beigewohnt hat, zeigt sich mit des Sohnes Entscheidung einverstanden: er übergiebt ihn dem
Sokrates. Der Unterricht ist von Erfolg, aber einem, wie ihn der Alte sich nicht geträumt hat.
Nachdem der letztere, des Rückhalts gewiss, den er an dem redekundigen Sohne hat, den beiden
Gläubigern arg mitgespielt, so dass diese voll Zorn abziehen, um die gerichtliche Klage anzustrengen,
gerät der Alte beim Freudenmahl mit seinem Sohn aneinander, ein Wort giebt das andere, da
prügelt der Junge seinen Erzeuger zum Hause hinaus. Nun beweist ihm der saubere Sohn noch
obendrein, dass er völlig im Rechte gewesen, wenn er den Vater prügelte. Jetzt endlich erkennt
der Alte, welche Thorheit er begangen, als er die Bahn des Unrechts betrat. Voll Grimm eilt er
mit seinem Knechte hin und zündet dem Meister Sokrates nebst Anhang die Bude über dem Kopfe
an. — Die Idee, dass der Alte eben durch den Sohn, dessen Verschwendung ihn dem Unrecht in
die Arme getrieben hat, das Verderbliche seines Thuns am eigenen Körper erfährt, ist zweifelsohne
von komischer Wirkung.

Man hat nun an jenem Aufbau einiges unwahrscheinlich gefunden. Köchly (S. 425 f. 428) —
und ähnlich Schanz (Apol. E. 9) und Kock (E. 47 — findet einen schreienden Widerspruch, einen
groben Fehler der Composition darin, „dass Strepsiades zwar als einfältig und untauglich aus der
Lehre gejagt wird und darauf den Sohn an seiner Statt bringt, der dann auch vom Vater als der
eigentliche Retter und Heiland begrüsst wird — dass aber dann nichtsdestoweniger nicht er, sondern
der Vater die beiden Gläubiger abfertigt. Umgekehrt sollte der Sohn die neu erworbene Weisheit
erst zur Freude des Vaters an den Gläubigern, dann zum Entsetzen desselben an ihm selbst erproben."
Demnach soll in X I „Pheidippides gar nicht zu Sokrates gebracht, sondern von dem von der sophistischen Rabulistenweisheit überfliessenden Strepsiades selbst soweit unterrichtet worden sein, um
sie dann gegen den über die Gläubiger siegreichen Vater selbst in Anwendung zu bringen" [40]. Zunächst ist zu erwidern, dass der Alte auch im Teil I keineswegs so „einfältig" erscheint (vgl. o.
S. 31 f., wohl aber „untauglich" zum philosophischen Studium. Dann giebt er in der Gläubigerscene
„nirgends so entschiedene Beweise von seiner sophistischen Bildung, wie man übertrieben hat, dass
wir zu der Voraussetzung genötigt würden, der Unterricht, den er bei Sokrates genossen, sei von
Erfolg begleitet gewesen" Böhr. 23 f., vgl. auch oben S. 32). Die Verse 1227 ff. liefern „den deut-
lichsten Beweis, dass es allein das Vertrauen des Strepsiades auf Pheidippides, nicht aber auf seine
eigene rhetorische Meisterschaft ist, wodurch er zu seinem zuversichtlichen Auftreten ermutigt wird"
Böhr. a. a. O., auch Büch. 683). Um einen Sieg des Streps. über die Gläubiger handelt es sich
zudem gar nicht; des Alten Grobheiten (1253 f. 1296 ff.) werden diese unfehlbar zum Richter treiben
1254 f. 1297. 1299), und erst dort kommen die Processe zur Entscheidung. Wie diese ausfiel, lag
ganz ausserhalb des Planes der Komödie. Eine Gerichtsscene, wie sie G. Herm. (XLIII f.) forderte,
die mit einer Verurteilung des Alten, Confiscation seines Vermögens und Gefängnisstrafe geendet,
wäre verfehlt gewesen: die ganze Richtung wäre ja mehr thöricht als gefährlich erschienen, man
hätte von der Komödie das Gefühl mitgenommen „viel Lärm um nichts!. Schon Süvern (S. 77)

---

[40] Brentano (S. 65) ähnlich bezüglich seines Streps. I, der aber von Pheidippides I, einem verständigen,
gehorsamen Sohne (S. 64), keine Misshandlung zu erfahren hatte!

hat richtig bemerkt: „A. löst seine Aufgabe zu zeigen, wie sehr der Alte seines unredlichen Zwecks verfehle, vollkommener und übereinstimmender mit der Tendenz des Ganzen, als durch eine gerichtliche Verurteilung des Str. geschehen konnte, indem er gerade das Mittel, welches dieser für seine Absicht gewählt hatte, die Bildung seines Sohnes in dem Spekulantenhause. . . zu seinem eigenen grössten Nachteile ausschlagen und ihn selbst dadurch von seinen rabulistischen Gedanken und Anschlägen bekehren lässt . .“ Ein Nonsens ist es zudem, anzunehmen, der Alte habe, wenn er selbst den Kursus mit Erfolg absolvierte, noch erst seinen Sohn, der doch herzlich wenig Lust hatte, mit diesen Dingen behelligt. Er war ja dann selbst Manns genug, sich die Manichäer vom Halse zu schaffen. Die Unterweisung des Sohnes durch Strepsiades wäre dann nicht im Gesamtplane begründet, sondern diente nur dem Zwecke, die Prügelscene zu ermöglichen[45]. Wie wirkungsvoll dagegen und aus der Anlage des Stückes von selbst erwachsend: der Alte brüstet sich mit seinen Brocken den Gläubigern gegenüber, des baldigen Sieges über sie durch seines gescheuten Sohnes Redekunst gewiss — und dann unmittelbar darauf der tiefe Fall durch eben diesen Sohn!

Auch bezüglich des tragikomischen Schlusses muss man Böhringer S. 24 f. beipflichten, der sich gegen Teuffels Tadel (Praef. ad Nub. 1863 p. 19) wendet mit den Worten: „Wir erklären uns die Thätigkeit, die der Alte bei der Brandscene entwickelt, aus seinem Charakter . . . Wäre er nämlich nicht Streps., so müsste er sich selbst die Schuld für die Prügel, die er erhalten, und für die Verworfenheit seines Sohnes beimessen. So aber will er als strafender Richter die Götter an ihren Verächtern rächen, wozu er nicht im mindesten den Beruf hat. Aus seiner komischen Rolle fällt daher Streps. mit nichten heraus. Die Athener sollten in eine komische Stimmung versetzt werden. Die poetische Gerechtigkeit tritt eben darin hervor, dass der Held der Komödie, indem er in seiner Thorheit beharrt, sich dem heitern Gelächter der Zuschauer preis giebt.“

Ergebnis: Plan und Aufbau der Komödie rechtfertigen sich in jeder Hinsicht.

3. Grund des Durchfalls der Wolkenkomödie.

Woran ist die Aufführung i. J. 423 gescheitert? Bücheler (S. 682 f.) ist der Ansicht, die Wolken seien für die Menge nicht possenhaft und possierlich genug gewesen. Ritter S. 457 meint, A. habe den Grund einzig und allein darin gefunden, „dass die Tendenz und der Ideenreichtum des Kunstwerks nicht vollständig und nicht richtig zum Bewusstsein des Publikums gekommen war“. Er verweist dabei auf die Rüge 520—526 und auf die Stelle der Wespen (Ol. 89, 2) 1044 f.: πέφυον κατατηρούδους καιατάτους ατείρων· αὐτόν διανοίας, ἄς ὑπὸ τοῦ μὴ γνῶναι καθαρῶς ὑμᾶς ἐποίησα· ἀναιδεῖς. Um zum richtigen Verständnis zu gelangen, werden wir noch einmal auf die Verse 537 ff. zurückkommen müssen. Der Dichter rühmt zweierlei an seinem Stücke: 1) σοφ γσου ἐστι γ ὅαυ 537 ., die Komödie ist ihrer Natur nach masshaltend; 2) οὐδ᾽ ὑμᾶς ζητῶ ᾽ξαπατᾶν δὶς καὶ τρὶς ταῦτ᾽ εἰσάγων, ἀλλ᾽ ἀεὶ καινὰς ἰδέας εἰσφέρων σοφίζομαι, οὐδὲν ἀλλήλαισιν ὁμοίας καὶ πάσας δεξιάς· 546 ff. „ich bringe stets neue Ideen‘. Halten wir nun Punkt 2) mit der Stelle der Wespen zusammen, aus der hervorgeht, dass diese ganz neuen Ideen bei der Aufführung nicht verstanden worden waren und man sie drum kraft- und saftlos gefunden, so dass sie ihre Wirkung verfehlten ἀναιδεῖς ἐποίησαν ὑμᾶς, so

---

[45] Was Weyland (S. 33) annimmt, Streps. sei zwar „ut perfectus philosophus“ aus der Schule des Sokrates herausgekommen, habe dann aber gemerkt, dass er vieles vergessen habe und drum den Sohn geschickt „qui ea, quae ipsum effugerant, cum firmiore memoria a Socrate repetat“, ist gesucht.

kommt man auf die Vermutung, dass ein Hauptvorwurf darin bestanden habe, A. habe in den Wolken keine neuen Ideen gebracht. Ritter berücksichtigt also das stark hervortretende καινοτάτας nicht genug, wenn er sagt „Ideenreichtum des Kunstwerks". Da nun nach unserer Beweisführung der Kampf der Logoi schon N I angehörte, der Dichter aber in dieser Scene Gestalten der Daitaleis auf die Bühne brachte, so finden wir es erklärlich, wie das Publikum zu seinem Vorwurfe kommen konnte, d. h. bei oberflächlichem Urteil. Denn der Dichter spricht sich ja entschieden dahin aus, nicht in der Weise des Eupolis, der seine Ritter geplündert, des Phrynichos, des Hermippos u. a., die sich alle auf dasselbe Sujet geworfen, fremde Ideen übernommen, ebenso energisch aber, nicht sich selbst wiederholt zu haben. Daraus ergiebt sich, dass der Dichter trotz jener Ähnlichkeit in zwei Figuren durchaus neue Ideen in den Wolken entwickelt hatte. — Wie nun A. die Neuheit der Ideen betont, so anderseits den Charakter der Masshaltung. Dürfen wir, entsprechend jenem andern Punkt, einen Rückschluss machen, so werden wir sagen: dass seine Komödie masshaltend sei, hat das Publikum nicht erkannt und ihm den Vorwurf gemacht, sie halte nicht das rechte Mass. Worin hätte man das finden können? Nun, insofern als die „karikierende Persiflage der sophistischen Lehren, die bei allem Aufwand von Witz keine komische Wirkung bei dem stimmführenden Teile des athenischen Publikums hervorzubringen imstande war" (C. Fr. II. 258., die ganze Tendenz der Wolken, „die unberechtigte und auch wenig gelungene Polemik gegen Sokrates und die Sophistik" (Teuf. b 557, vgl. Gehring S. 16, Sauerw S. 14 ff.), die grelle Zeichnung im Streit der Logoi, „wie durch die Sophistik und ihren Erzvater Sokrates nicht nur der gänzliche Einsturz des vaterländischen frommen Glaubens hereinbrechen, sondern auch solche Unsitte aufkommen werde, dass die Athener in überwiegender Mehrzahl aus schamlosen Schandbuben (ἀργόμαχοι) bestehen würden" (Ritter 457) insofern als alles dies vom Publikum als das Mass überschreitend, als nicht σώφρον angesehen werden mochte. Die ganze Tendenz der Wolken rechtfertigt nun der Dichter nicht näher, er begnügt sich mit der Versicherung, dass seine Komödie σοφώτατ᾽ ἔχειν τῶν ἐμῶν κωμῳδιῶν 522 und sagt von ihr αὕτη καὶ τοῖς ἔπεσιν πιστεύσασ᾽ ἐλήλυθεν 544. Der Dichter giebt dadurch zu erkennen, dass die Kälte des Publikums in Motiven begründet lag, deren Hebung ihm sein dichterisches Gewissen nicht erlaubte (vgl. C. Fr. II. 257 f.). Wir kommen somit zu einem von Bücheler durchaus abweichenden Standpunkte. Wenn dieser als Grund des Durchfalls annimmt, die Wolken seien den Athenern „nicht possenhaft und possierlich genug" gewesen, so setzt das den Tadel „allzu σώφρον" voraus. Man versteht aber dann nicht, weshalb der Dichter 537—543 die Beweise für das σώφρον, für den Mangel an Possierlichkeit und Possenhaftigkeit erbringt. Wohl aber, wenn der Tadel des Publikums so lautete: ,Die Wolken sind nicht σώφρον genug' und der Dichter zu seiner Rechtfertigung sagte: „Gewiss, in euerm Sinne, meine Herren Richter, ist die Komödie nicht σώφρον, wohl aber in meinem Sinne. Seht nur, wie sie, im Gegensatz zu meinen Nebenbuhlern, das und das hat!" Und dann zeigt er, wie er, die Bühnenmittel betreffend, Mass gehalten, wie deren Verwendung nicht zufällig, sondern jedesmal im Gang der Handlung begründet ist.

Ergebnis: Das Publikum warf dem Stücke Mangel an Originalität und masslose Übertreibung vor: das waren die Gründe des Misserfolges i. J. 423.

III. Rückblick und Schlussfolgerung.

Die Untersuchung hat ergeben, dass der Dichter in der eigentlichen Parabase keine Andeutung macht, eine Umarbeitung der Wolkenkomödie betreffend, ferner, dass alle Behauptungen über Widersprüche, unerträgliche Wiederholungen, Compositionsfehler von irrigen Voraussetzungen ausgingen. Damit fallen aber auch die Folgerungen, die man bezüglich zweier Redaktionen der Wolken gezogen hat. Von den Phantasiegebilden eines Fritzsche in seinen Quaestiones 1835, wonach X I und X II fast nichts mit einander gemein haben, zwei grundverschiedene Ausgaben sind — ich kann hier nur auf 104 f. 111. 113 f. 117. 120. 126. 128. 135 f. 143. 160 f. 170. 173. 177. 182. 194 als charakteristische Stellen verweisen —, ferner eines Brentano (1871), wonach die überlieferten Wolken „lediglich eine Verarbeitung zweier Stücke, eine Zusammenfügung oder Zusammenflickung zweier selbständiger, bereits vorhandener Komödien, von vielleicht ähnlichen Grundgedanken, jedenfalls aber von verschiedenem Inhalt" (S. 63, vgl. 69 ff. 76 f. 86 f.) sind, von solchen Phantasiegebilden, wie sie zum Teil Kritiklosigkeit, zum Teil Hyperkritik geschaffen, konnte wohl im Ernst keine Rede sein. Aber auch die gemässigteren Ansichten, wie sie sich in den spätern Schriften Fritzsches, in den Untersuchungen Teuffels, Köchlys, Bücheler u. a. darstellten, konnten, wie ich glaube dargethan zu haben, vor dem Forum der Kritik nicht bestehen. Wie weit z. B. noch Bücheler (1861) in der Annahme der Verschiedenheit von X I und X II geht, erhellt aus dem Rückblick (S. 682 f.) : „Ganz neue Bilder waren das gerechte und ungerechte Wesen im Streit um Pheidippides' Seele, die Einäscherung des Sokratischen Hauses und die Flucht der Sophisten, Strepsiades von Wanzen gequält; Chairephon und vielleicht Euripides, Gestalten der ersten Wolken, sind aus dem Wege geräumt, die Erscheinung des Sokrates selbst in den zweiten Wolken scheint von der ersten Darstellung bedeutend verschieden, nicht nur, indem sein Verhältnis zu den Wolkengöttinnen jetzt anders aufgefasst war als in 412—419 und 804—813, wo er als ihr Klient durch sie leibliches Gut und Ruhm erwirbt, sondern auch in seinem Streben und Wirken. In den ersten Wolken war er ein Charlatan, Naturphilosoph, Rhetor, Asket, ein Sophist, unus e multis; in den zweiten Wolken sollte er Repräsentant der ganzen Staat und Religion verderbenden Sophistik und modernen lächerlichen Jugendbildung sein. . Als die Parabase abgefasst wurde, gedachte der Dichter vielleicht noch anderes Neue vorzuführen, wenigstens musste er, damit das Drama über die Bretter gehen konnte, noch vieles ändern." Noch kräftiger geht Kock (1894, E. 38) ins Zeug. Die Ausführungen leiden an dem Fehler, dass sie den Sokrates in Teil I und den Adikos in Teil II für unvereinbar halten. Es ist aber festzuhalten, dass dort der Umfang, die Quantität des sophistischen Unterrichtes, hier der Charakter, die Qualität desselben zur Darstellung kommt, dass die verschiedene Behandlung der Schüler (Streps., Pheid. in der Verschiedenheit ihres Wesens begründet ist. Auch ist Sokrates keineswegs die Hauptperson, wie Kock meint, sondern „der Träger der Handlung, die Hauptperson des Interesses", ist vielmehr Strepsiades, worüber man Böhringer (S. 7 f.) nachlesen möge, dessen Urteil zutrifft, nur dass man nicht unterschreiben kann, Sokrates sei „ohne alle individuelle Färbung"; man denke nur an 360 ff. und die mannigfachen Beziehungen auf den historischen Sokrates, die sich ergaben (vgl. auch Rötscher 276 ff. 315, Sauerwein S. 11. 17 f.). Dass Sokrates nicht noch individueller gezeichnet ist, liegt daran, dass Sokrates für ihn „bloss der Repräsentant der neuen, aufklärenden Weisheit" ist, „nicht als Individuum gedacht, sondern als Typus". Ein Ausländer eignete sich dazu nicht [46], wohl aber

---

[46] Vgl. Köchly 258, Sauerw. 11. Brentano (S. 70 A. 1) verweist darauf, dass doch andere Komiker andere Repräsentanten gewählt; bei dem nur fragmentarischen Charakter der Überlieferung lässt sich über deren Stücke nicht endgültig urteilen.

6

der Athener Sokrates, ein dem ganzen athenischen Publikum bekannter Sonderling" [45]. Während Enger (1853) zwar eine Umarbeitung von N I annahm, aber in N II eine vollendetes Stück sah (bes. 10 ff.), that einen bedeutenden Schritt weiter Ritter (1876), der nur den Streit der Logoi als neuen Bestandteil ansah. Seine Hoffnung (S. 463), dass die Vertreter der andern Ansicht, die Widersprüche betr., von selbst von ihren Vermutungen zurückkommen würden, ist nicht in Erfüllung gegangen — man denke an Naber (1883), Kähler (1887[?]), Schanz (1893), Kock (1894[4]) —. Ich glaube, über Ritter hinausgehend, bewiesen zu haben, dass N I und N II, von der Parabase i. e. S. abgesehen, ein und dieselbe Komödie sind. Damit sind wir auf den Standpunkt Essers (1821) zurückgekehrt vgl. besonders S. 8. 52. 66 f. 74.). Sein Hauptsatz lautet: „Secundam Nubium editionem, sive perfectam, sive imperfectam, nusquam nisi in cerebro scholiastarum exstitisse, hanc autem, quam nos habemus, pristinam esse et genuinam, non retractatam a poeta aut alia quacunque ratione constructam" (p. 8).

Ich schliesse diesen Teil der Untersuchung mit den Worten der sechsten Hypothesis: Τοῦτο (N II) ταὐτόν ἐστι τῷ προτέρῳ (N I).

B. Die indirekte Überlieferung.
I. Die Hypotheseis, Scholien und Fragmente.

Die früheren Untersuchungen über die Wolkenkomödie gingen durchweg von der sechsten Hypothesis aus. Es fragt sich: Inwieweit ist die Ansicht von dem hohen Werte und der Glaubwürdigkeit dieser Nachricht berechtigt? [18] Die 6. Hyp. beginnt also: Τοῦτο [N II] ταὐτόν ἐστι τῷ προτέρῳ [N I]. διασκεύασται δὲ ἐπὶ μέρους, ὡς ἂν δὴ ἀναδιδάξαι μὲν αὐτὸ τοῦ ποιητοῦ προθυμηθέντος, οὐκέτι δὲ τοῦτο δι' ἣν ποτε αἰτίαν ποιήσαντος. Diese Worte besagen folgendes: 1) der Verfasser identifiziert die ihm vorliegenden N II mit dem frühern d. h. dem 423 aufgeführten Stück. 2) er schränkt die Identität ein durch den Zusatz: διασκεύασται δὲ ἐπὶ μέρους. Letzterer kann den Sinn haben α) die Umarbeitung hat einen Teil [49] betroffen, ist aber fertig geworden; oder aber β) die Umarbeitung ist eine teilweise d. h. unvollständige, zwar begonnen, aber nicht fertig geworden. In diesem Sinne fassen es: Fr. I, 9. IV, 4; Teuff. c. 220. 222. 225; Köchly 415; Büch. 680; Brent. 41. 49 f.; Naber 168. 306; Kähler E. 31; Kock E. 30. Welche Deutung ist die richtige? Teuffel interpretiert die Worte ὡς ἂν δὴ — ποιήσαντος also: „Aus der Thatsache, dass A. mit seinem ursprünglichen Stück eine διασκευή vornahm, folgert der Verfasser, dass der Dichter die Absicht hatte, sein Stück wieder aufzuführen, aus dem Umstande aber, dass diese Umarbeitung eine teilweise unvollständige geblieben, zieht unser Grammatiker den Schluss, dass Aristophanes jene Absicht aus irgend welchem Grunde wieder aufgegeben habe." T. scheint sich aber selbst nicht bei dieser Erklärung zu beruhigen; denn er fährt fort: „Zwar bezeichnet der Verfasser beide Folgerungen mittelst ὡς als ausscheinende; so dass man meinen sollte, dass es aussieht, als hätte der Dichter u. s. w." Wenn er sonach scheinbar Raum lässt für andere Folgerungen oder Erklärungsarten, so stösst doch jeder Versuch,

---

[45] Schanz (Apol. E. 48. 50). Vgl. Rötscher 317. Nach Brent. (22 ff. 69 ff.) hat A. in Sokr. überhaupt die Sophistik nicht treffen wollen.

[18] 6. Hypothesis Ausgangspunkt: Fr. I, 8; Beer 121; Köchly 414; Kock E. 28[?]. Ihr Wert betont: Beer 122 f.; Köchly a. a. O.; Enger 5. 8; Teuff. b558; Büch. 663. 685; Sauerw. 28; Brent. 30; Witten 3; Weyl. 4. 17; Naber 307. 322; Kähler E. 29 f.; Kock E. 27 f.

[49] Ungenau Kock (E. 29) „nur einzelne Teile", ebenso Enger (S. 11) „in einzelnen Teilen".

solche aufzustellen, auf Hindernisse und Unmöglichkeiten." Darauf ist zu erwidern: Der Verfasser folgert keineswegs, dass der Dichter die Absicht [50] hatte sein Stück wieder aufzuführen. Wenn ich sage: ‚der Junge rennt den Berg hinunter, als wolle er Arm und Bein brechen‘, so folgere ich doch nicht: ‚der Junge hat also die Absicht, Arm und Bein zu brechen‘. Die Stelle besagt lediglich, dass die Umarbeitung auf den Verfasser den Eindruck machte, als habe der Dichter die Absicht einer Wiederaufführung gehabt. Ähnlich verhält es sich mit dem weitern Schluss. Teuffel nimmt ἐπὶ μέ-ρους = ‚unvollständig‘ einfach als Thatsache. Das οὐκέτι δὲ τοῦτο ποιήσαντος geht auf das ἀναδιδάξαι αὐτό, heisst also ‚er führte das Stück nicht wieder auf‘, aber nicht: ‚er gab die Absicht der Wiederaufführung auf‘. Hätte der Verfasser letzteres ausdrücken wollen, dann musste er etwa sagen: [ὡς ἂν] ἀναδιδάξαι αὐτὸ τοῦ ποιητοῦ ⟨πρῶτον μὲν⟩ προθυμηθέντος, ἔπειτα δ' οὐκέτι, da der Dichter u. s. w. In diesem Falle bliebe für ἐπὶ μέρους nur die Deutung ‚teilweise = un-vollständig‘: das Aufgeben der Absicht der Wiederaufführung gäbe die Erklärung ab zu der Unvollständigkeit, der Nichtvollendung der διασκευή. Die Thatsache der Nicht-wiederaufführung kann aber doch die Unvollständigkeit der διασκευή nicht erklären, höchstens um-gekehrt. — Auch das δι' ἣν ποτε αἰτίαν scheint mit jener Auffassung des ἐπὶ μέρους unvollständig sich nicht zu vertragen. Man kann doch nicht sagen: ‚Das Stück ist unvollständig überarbeitet, aus irgend welchem Grunde hat der Dichter es nicht wieder aufgeführt‘. War es unvollständig, dann war aus diesem Grunde von einer Aufführung keine Rede. Das δι' ἣν ποτε αἰτίαν hätte nur zu dem ἐπὶ μέρους διασκ. gepasst , das Stück ist aus irgend welchem Grunde nur unvollständig überarbeitet, der Dichter hat es ‚also‘ nicht wiederaufgeführt‘: oder aber: ‚das Stück ist unvoll-ständig umgearbeitet, der Dichter hat aus irgend welchem Grunde die Umarbeitung nicht vollendet‘. Davon steht aber im Wortlaute nichts. Kam eine Wiederaufführung überhaupt in Frage, dann musste das Stück fertig sein, oder mit andern Worten: das δι' ἣν ποτε αἰτίαν αὐτὸ οὐκέτι ἀναδιδάξαι schliesst die Auffassung des ἐπὶ μέρους διασκ. als ‚das Stück ist nur unvollständig umgearbeitet‘ aus.

Machen wir nun die andere Probe! Hat die Stelle den Sinn ‚die Umarbeitung ist fertig‘, so muss, nach dem Ergebnis der bisherigen Untersuchung (Teil A), das ἐπὶ μέρους sich lediglich auf die Parabase i. e. S. beziehen. Da konnte der Verfasser mit vollem Recht, ohne dass man zu Deu-tungen zu greifen hätte wie „im grossen und ganzen", von der Wolkenkomödie sagen: Τοῦτο ταὐ-τόν ἐστι τῷ προτέρῳ. Der Scholiast schränkt diesen Hauptsatz rücksichtlich der neuen Parabase ein: διασκ. ἐπὶ μέρους. Von dieser Umarbeitung konnte er sagen, sie mache den Eindruck, als habe der Dichter eine Wiederaufführung beabsichtigt: denn die neue Parabase sagt: ὦ θεώμενοι (518), ἐνθάδε (528). Der Anonymus überliefert uns dann schliesslich die Thatsache, dass N H nicht zur Aufführung gekommen sind. Engers Annahme einer Aufführung des umgearbeiteten Stückes im Piraeustheater steht damit im Widerspruch. Den Grund der Nichtaufführung giebt jener Verfasser nicht an (δι' ἣν ποτε αἰτίαν); er wird seine Kenntnis wohl aus der Nichterwähnung einer zweiten Aufführung in den Didaskalien geschöpft haben. Wie einerseits eine Umarbeitung der Wolken im weitern Sinne an

---

[50] Den gleichen Fehler begehen Kock (E. 30) „als ob (d. h. woraus man sieht, dass) der Dichter zwar die Absicht gehabt, das Stück nochmals zur Aufführung zu bringen, aus irgend einem Grunde aber dieselbe aufgegeben habe." Vgl. S. 26; ferner Fr. I. 9. IV, 1; Enger 10; Köchly III f.; Brent. 41 „da ... wohl beab-sichtigt haben möchte" (richtiger A 2 „was sich leicht erklärt, wenn man annimmt, der Dichter habe ..."; Sauerw. 6. 28. 37. — Enger (a. a. O.) fasst ἐπὶ μέρους διασκ. in dem Sinne, dass die 2. Recension vollendet sei; dass die andere Erklärung dem Zusammenhange der Stelle geradezu widerspreche, betont er, ohne es aber zu beweisen.

sich wenig wahrscheinlich ist, so ist anderseits auch eine Wiederaufführung des nur rücksichtlich der Parabase geänderten Stückes durchaus unwahrscheinlich, nachdem sich einmal das athenische Publikum dagegen ablehnend verhalten hatte [51]. Macht auch die Parabase den Eindruck, als sei eine solche beabsichtigt gewesen, so sind doch die paar Ausdrücke kein zwingender Beweis für eine derartige Annahme. Wir haben oben (S. 4 f. gesehen, dass der Dichter N I und N II identificiert, dass er bei τὸν ἠλθε nur an N I denkt (S. 5 f.), dass 547 f. auf eine Umarbeitung gar nicht passt und dass es sich bei der ganzen Parabase i. e. S. immer nur um die Rechtfertigung der 423 aufgeführten Wolken handelt. Unhaltbar ist, was Kock (E. 26) sagt: „Er weist auf das Theater hin (ἔνθάδε 528)... in welchem jetzt, wie er während des Schreibens hofft, die zweiten Wolken glücklicher kämpfen sollen als die ersten.“ Auch wenn der Dichter sich nur an Leser wendet, sind jene Ausdrücke drum nicht „sehr matt und frostig“. Richtig bemerkt Ritter (S. 458 A. 8): „Ob er an eine zweite Aufführung jemals im Ernst gedacht, ist mir zweifelhaft. Wenigstens giebt seine Anrede an Zuschauer (518 ὦ θεόμενοι [52]) keinen Beweis für die Absicht einer wiederholten Aufführung: denn in einer Parabase konnte er nicht zu Lesern sprechen.“ Der Dichter mochte in seiner ersten begreiflichen Erregung über die seiner Überzeugung nach unverdiente Zurücksetzung den Entschluss gefasst haben, das Stück überhaupt nicht zu veröffentlichen. Schliesslich aber, als er ruhiger geworden war, bot er, nach wie vor von dem Werte des Stückes durchdrungen, dasselbe so, wie es war, nur mit einer Rechtfertigung versehen, dem gebildeten Publikum zur nochmaligen Prüfung dar. Mochte immerhin dies gebildete „Publikum damals noch einen sehr engen Kreis bilden und für den komischen Dichter der Verkehr mit persönlich gegenwärtigen Individuen Lebensbedingung sein“ (Teuff. c 223), hier lag doch die Sache so, dass die Masse des Publikums und die Preisrichter den Dichter in seinem Selbstgefühl gekränkt, ihm nach seiner Überzeugung Unrecht zugefügt hatten: und so appellierte er an den, wenn auch kleinen, aber urteilsfähigern Teil des gebildeten Publikums. Ob A. das Stück selbst herausgegeben oder ob es in seinem Nachlass gefunden ward, lässt sich nicht entscheiden. Eine eingehendere Beschäftigung mit der Wolkenkomödie, so hoffte er, werde die Richtigkeit seines Urteils ergeben, dass sie die sinnreichste sei, die ihm viel Arbeit gemacht (522 f.). Zwar sagt Bücheler (S. 683): „Seltsam genug, dass der Herausgeber das Stück in dieser Form dem Lesepublikum vorführte, ein interessanter Beleg für die konservative Richtung und kritische Unreife des litterarischen Altertums. Der Komiker musste hirnwütig sein, welcher für dieses Gemisch zweier Dichtungen von attischen Richtern den Sieg verlangte“, aber dies vernichtende Urteil des grossen Gelehrten dürfte nach den Ergebnissen unserer Untersuchung in Teil A sich nicht mehr aufrecht halten lassen.

Wohl finden sich noch zwei Nachrichten, die eine Wiederaufführung melden: das Scholion zu V. 546 (ταῦτα καὶ αὕτη δεύτέρα εἰσήχθη, ἀλλ᾽ ἴσως διήφορος), dessen erster Theil lediglich eine Vermutung auf Grund der neuen Parabase sein wird, dessen zweiter Teil aber beweist, wie wenig Bestimmtes man über einen Unterschied von N I und N II wusste. Gerade dies ἴσως διήφορος in seiner Unbestimmtheit scheint mir die beste Bestätigung jener Angabe des Anonymus: ταὐτόν ἐστι τῷ προτέρῳ zu sein. Die andere Nachricht über eine Wiederaufführung steckt in der fünften Hypothesis. Sie lautet: Αἱ πρῶται Νεφέλαι ἐν ἄστει ἐδιδάχθησαν ἐπὶ ἄρχοντος Ἰσάρχου, ὅτε Κρατῖνος μὲν

---

[51]. Die Bedenken betr. die gegen die Annahme einer Wiederaufführung überh. sprechen, vgl. Beer 127. Wenig will dagegen Teuffels Entgegnung besagen (c 221), dass „die Consequenz nicht die Hauptstärke des athen. Volkes gewesen sei, und es sei ganz rationell gewesen ... zu appellieren a populo male informato ad melius informandum.“

[52]) Irrig „und V. 535“ (auch Kock), da diese Stelle auf N I geht.

ἐτίκα Ηειύη. Ἀμειψίας δὲ Κόννω. διότιψ Ἀριστοφάνης διαγραφθείς παραλόγως φήθη δεῖν ἀναδιδάξαι [Dind. ἀναδιδάξαι] τὰς δευτέρας (καὶ Dind.) ἀπομήψεσθαι τὸ θέατρον. ἀποτυχὼν δὲ πολὺ μᾶλλον καὶ ἐν τοῖς ἔπειτα οὐκέτι τὴν διασκευὴν εἰσήγαγεν. αἱ δὲ δεύτεραι Νεφέλαι ἐπὶ Ἀμεινίου ἄρχοντος. Wir sehen hier Wahres und Falsches gemischt: neben der guten Nachricht über die Zeit der Aufführung von N I die verkehrte über die Aufführung von N II i. J. 422[53]. Enger (S. 5 — nach Sauerwein (S. 5) hat schon Dindorf eine ähnliche Vermutung ausgesprochen — hat sehr wahrscheinlich gemacht, wie durch eine Verwechslung des Tadels in der neuen Parabase der Wolken mit dem in den Wespen (1044 f.) — aufgeführt i. J. 422 — jener Irrtum bezüglich der Aufführung von N II i. J. 422 entstanden sei. Auf jene Nachricht der fünften Hypothesis hat Brentano S. 32. 36 ff. 63 und nach ihm Naber (167 f. 305 f.) seine luftige Hypothese von N III aufgebaut (vgl. u. S. 10). Die Notiz von der Aufführung der N II mag von demselben Scholiasten herrühren, der zu V. 31 die ernst gemeinte Notiz bringt, der Dichter habe mit seiner Figur des Amynias den Archonten des Jahres 422, Ameinias, verspotten wollen (Ritter 155). Was stellt der Verfasser der 5. Hyp. als Zweck der Wiederaufführung hin? Der Dichter habe geglaubt, wegen der Niederlage i. J. 423 διότιψ das Publikum in einer zweiten Aufführung gründlich tadeln zu müssen ἀπομήψεσθαι τὸ θέατρον. Die Absicht der Wiederaufführung (φήθη δεῖν ἀναδιδάξαι τὰς δευτέρας N), die wir nach der 6. Hyp. glaubten dem Dichter absprechen zu dürfen, wird hier ausdrücklich betont. Beide Notizen sind unvereinbar: der Verfasser, der sagte, das Stück sieht so aus, als habe der Dichter die Absicht einer Wiederaufführung gehabt, kann nicht gesagt haben, der Dichter glaubte das Stück wiederaufführen zu müssen. Jene erstere Nachricht der 6. Hyp., wonach eine solche Absicht nicht vorlag, hatte, wie wir oben sahen, auch an sich mehr Wahrscheinlichkeit. Dagegen das ἀπομήψεσθαι τὸ θέατρον als Zweck der N II stimmt auffallend zu dem Ergebnis unserer Untersuchung, wonach sich N II von N I nur durch die neue Parabase unterscheidet. Nur tadeln, nicht etwa auch dem Publikum, das N I hatte durchfallen lassen, irgendwie Recht geben durch eine weitere Umarbeitung von N I! Um auf Brentanos Hypothese kurz zurückzukommen, er thut dem Wortlaut der 5. Hyp. offenbar Gewalt an, wenn er das διασκευήν nicht als identisch mit dem vorhergehenden τὰς δευτέρας fasst, obschon, wie er selbst zugeben muss (ebd. S. 37 A. 2), „auf den ersten Blick" sich diese Beziehung aufdrängt. Indem er die 6. Hyp. zum Beweise heranzieht, wo die Aufführung der Umarbeitung verneint wird, während nach der 5. Hyp. N II aufgeführt worden sind, folgert er, dass N II und διασκευή nicht ein und dasselbe seien. So kommt er mit seinem Gefolgsmann Naber zu der Annahme von aufgeführten Wolken I und II und von nicht aufgeführten III (Umarbeitung). Die Worte διότιψ- εἰσήγαγεν seien „das Raisonnement eines Grammatikers, eingeschoben zwischen die beiden, in einer früheren Fassung wohl eng zusammenhängenden didaskalischen Notizen" (S. 37), „das Motiv, welches ihn zur Einfügung jener ganzen Bemerkung bewog, war offenbar kein anderes als der Drang, das Fehlen der didaskalischen Angaben bezüglich der III. (umgearbeiteten) Wolken zu erklären" (S. 38). In der 6. Hyp. wird dann „die oben vermisste nähere Auskunft über die Beschaffenheit des umgearbeiteten Stückes, der sog. Diaskeue, gegeben, welche dem Grammatiker in der V. Hyp. geradezu als III. Wolkenkomödie

---

[53] Über die Unmöglichkeit derselben vgl. G. Herm. Praef. XIII f. Enger 1 ff. Büch. 684. Brentano sieht freilich in der Schlussnotiz eine rein didaskalische Nachricht und nimmt die Aufführung von N II i. J. 422 als Thatsache (S. 36 ff). Von den chronologischen Beziehungen, welche eine Aufführung unter Ameinias unmöglich erscheinen lassen, nimmt er an (S. 95 f.), dass sie, wie so viele andere Partien der II. Wolken, späterhin in das umgearbeitete — „die ersten Wolken und die umgearbeiteten sind im Grunde identisch" S. 39) aufgenommen worden seien.

galt und welche allein von den erwähnten drei Stücken auf uns gekommen ist" S. 40 . Darauf ist
zu bemerken 1 eine διασκευή waren schon N II. insofern sie, um das Publikum tadeln zu können,
einen umgearbeiteten Teil enthalten, also eine Umarbeitung sein mussten; 2 es wäre doch merkwürdig, dass der Grammatiker nicht wenigstens die Worte ἀποτυχών — εἰσήγαγον dem αἱ δὲ δεύτεραι —
ἄρχοντος hätte folgen lassen, um dann 6. Hyp. mit τοῦτο wieder an τὴν διασκευήν als N III anzu-
knüpfen, anstatt jene „didaskalische Notiz" über N II störend dazwischen treten zu lassen; 3 mit
dem wichtigen Scholion zu V. 552. den Eratosthenes betr., findet sich Br. in der Weise ab, dass er den
letzten Teil desselben von einem spätern (byzantinischen Grammatiker herrühren und zu dem Zweck
das φησίν hinter ἐπιθέμενα δ' αὐτόν von irgend einem Scholiasten eingefügt sein lässt S. 97 f.). —
Brentanos Darstellung befriedigt nicht. Wie sind die Widersprüche zu lösen? Jene guten
Nachrichten und die schlechten können unmöglich von einem Verfasser
herrühren. Auch sprachlich ist einiges auffallend, so der Inf. Aor. ἀναδιδάξαι (Dind. neben dem
Prs. ἀπομέμφεσθαι, das καί hinter μᾶλλον. Man wird die Möglichkeit zugeben müssen, dass ein
Scholiast infolge des Tadels in N II, der an Zuschauer sich richtet, eine zweite Aufführung glaubte
ansetzen zu dürfen (ἀναδιδάξαι τὰς δευτέρας), dass er infolge Verwechslung mit dem Tadel in den
Wespen diese Wiederaufführung ins Jahr 422 legte, dass er schliesslich mangels jeder Nachricht darüber, welchen Preis der Dichter hier davongetragen, den zweiten weit schlimmern Misserfolg erfand
ἀποτυχών δὲ πολὺ μᾶλλον. Wenn Konrad Zacher am Schlusse seiner bedeutenden Arbeit „die Handschriften und Classen der Aristophanesscholien" (S. 739 bezüglich der Scholienmasse, von deren all-
mählichem Entstehen Urhandschrift etwa zu Anfang des X. Jahrhunderts, wohl aus eben dieser
Zeit der Sammelcodex 737 f. — wir ein anschauliches Bild gewinnen, sagt: „die Aufgabe eines künf-
tigen Herausgebers ist, diese Einheit wieder in ihre Bestandteile aufzulösen und von neuen Grund-
lagen aus eine neue Einheit zu schaffen, oder richtiger, die Einheit des Sammelcodex möglichst wie-
derherzustellen", so wird unser Beginnen, bezüglich des Inhalts der Hypothesis zwischen guter und
schlechter Überlieferung zu scheiden, nicht gewaltsam und willkürlich erscheinen. Darnach würde
sich für Hyp. 5 ergeben: Αἱ πρῶται Νεφέλαι . . . . Κόννῳ. ὥσπερ Ἀ. διαρρηφθεὶς παρηλόγως ᾠήθη
δεῖν [ἀναδιδάξας τὰς δευτέρας ⟨καὶ⟩ ἀπομέμφεσθαι τὸ θέατρον. [ἀποτυχών δὲ πολὺ μᾶλλον καὶ] ἐν τοῖς
⟨δ'⟩ ἔπειτα οὐδέν τὴν διασκευήν εἰσήγαγεν. [αἱ δὲ δεύτεραι Νεφέλαι ἐπὶ Ἀμεινίου ἄρχοντος]. Das Ein-
geklammerte rührt von der Hand des Verschlimmbesserers her; zum Teil verrät es sich schon in
der Form als spätern Zusatz.

Die beiden Hypotheseis V und VI waren ehedem verbunden; die Trennung ist von I. Bekker
vorgenommen worden (Brent. 40). Von demselben Anonymus 1 wird nun auch die gute Nachricht
in der 6. Hyp. herrühren: Τοῦτο ταὐτόν ἐστι τῷ πρώτῳ . . . σκώψαντος. Das τοῦτο knüpfte freier
an τὴν διασκευήν an; die Einschränkung διασκεύασται δὲ ἐπὶ μέρους hat in dem vorhergehenden ἀπομέμφεσθαι τὸ θέατρον ihre bestimmte Erklärung, wie denn auch der Zusatz ὡς ἂν δὴ . . . σκώψαντος ‚wie wenn eben der Dichter die Absicht gehabt hätte auf das ἀπομ. τὸ θ. zurückweis⟨t⟩. Jener
Widerspruch, dass einmal von der Aufführung der N II. das andere Mal von der Nichtaufführung
berichtet wird, ist somit beseitigt.

Zu diesen Beweisen für die Nichtwiederaufführung der Wolken kommt noch das Scholion zu
V. 552, wo Eratosthenes ausdrücklich nur zwischen Νεφέλαι διδαχθείσαι, den aufgeführten, und Ν.
ὕστερον διασκευασθείσαι, den später überarbeiteten, also nicht aufgeführten Wolken, unterscheidet.
Nur durch Streichung des φησίν vgl. oben gelingt es Brentano, diese Unterscheidung zwischen
N I und N II, die der Nachricht des Anonymus I in Hypothesis V und VI entspricht, statt von Era-
tosthenes, von einem beliebigen Scholiasten herrühren zu lassen, wo sie dann, anders bezogen, im Inter-

esse der N III verwendet werden konnte! Von der διασκευή wird in jenem Scholion wieder speziell nur etwas der neuen Parabase Angehöriges Μαρικᾶς 553) erwähnt. Lediglich auf Grund der Angaben der Didaskalien, wonach die Wolkenkomödie 423, der Marikas 420 aufgeführt wurde, konnte der alexandrinische Gelehrte aus der neuen Parabase selber seinen Schluss ziehen auf N. διδαχθεῖσαι, in denen der Marikas nicht erwähnt gewesen, und N. διασκευασθεῖσαι, wo letzteres der Fall: eine wirkliche Vergleichung zweier Wolkenkomödien, wie Brent. (S. 97) und Witten (S. 3 A. 3) eine solche annehmen, war dazu nicht nötig. Ebensowenig brauchte der Anonymus I in der 5. und 6. Hypothesis, um die Identität von N I und N II zu behaupten, um ferner den Unterschied beider zu kennen, der sich nur auf die eigentliche Parabase bezog, um schliesslich die Wiederaufführung zu verneinen, die ersten Wolken vor Augen zu haben; aus der Angabe der Didaskalien, die von einer zweiten Aufführung nichts meldeten, und aus einem verständigen Lesen der neuen Parabase konnte er seine ganze Kenntnis gewinnen.

Während nun jener erste Teil der 6. Hypothesis zu unserm Resultate vortrefflich stimmt, ist das keineswegs der Fall bei dem, was folgt. Es lautet also: καθόλον μὲν οὖν σχεδὸν παρὰ πᾶν μέρος ⟨γνώσεται Ritt.⟩ γεγενημένη ⟨ἡ Büch.⟩ διόρθωσις· τὰ μὲν γὰρ περιῄρηται, τὰ δὲ παραπέπλεκται ⟨τὰ δὲ Fr.⟩ καὶ ἐν τῇ τάξει καὶ ἐν τῇ τῶν προσώπων διαλλαγῇ 54) μετεσχημάτισται 55) · ἃ [τὰ Dind. Ritt.] δὲ ὁλοσχερῆ [Ven. -ῆς, Fr. -1, 8) -ῶς, Dind.-Bergk (diese mit Tilgung des τοιαῦτα ὄντα, Köchly -οῦς, Büch. -ῇ oder -ῶς] τῆς διασκευῆς τετύχηκε 56), τοιαῦτα ὄντα ⟨τετύχηκε Fr.-Köchly, τετύχηκεν Büch. 57)⟩· αὐτίκα μάλα (Ven.) ἡ παράβασις τοῦ χοροῦ ἤμειπται καὶ ὅπου ὁ δίκαιος λόγος πρὸς τὸν ἄδικον λαλεῖ καὶ ⟨τὰ Büch.⟩ τελευταῖον ὅπου καίεται ἡ διατριβὴ Σωκράτους.

Man sieht, der überlieferte Text hat zu mancherlei Änderungen Anlass gegeben: bei γεγενημένη fehlt ein Verb, zum wenigsten ἐστί — Ritters γνώσεται keine leichte Ergänzung: vor διόρθωσις fügt Büch. ἡ ein; verschiedene Lesarten bei ἃ δὲ ὁλοσχερῆ: das -ῆς Ven. leicht verschrieben infolge des τῆς; für Nom. Plur. -ῆ, Adv. -ῶς, Gen. -οῦς lassen sich Gründe anführen; Büchelers Ergänzung τετύχηκεν nicht leicht; Ritter erklärt ἃ δὲ aus ἃ δὲ verderbt durch einen Schreiber, der die Parenthese übersah zwischen διόρθωσις, die im Einzelnen und Kleinen nachbessernde Thätigkeit, und διασκευή, die im Ganzen und Grossen umändernde. Neues schaffende Thätigkeit schiebt sich als ein Drittes καὶ ἐν τῇ τάξει . . . μετεσχημάτισται, die Umgestaltung der Reihenfolge und des Personenwechsels, „weil diese nicht notwendig mit einer von jenen beiden Thätigkeiten verbunden zu werden braucht" (Büch.); das störende τοιαῦτα ὄντα. Mir scheint hier der Fehler in ὄντα zu stecken, wofür ich οἷα bezw. mit Anlehnung an παράβασις das Fem. Sg. οἷα vermute, also τοιαῦτα (sci. ἐστίν) οἷα αὐτίκα ἡ παράβασις· ἤμειπται καὶ ὅπου . . . War einmal durch einen Schreibfehler, wozu die Nähe des τετύχηκε e. Partic. Gelegenheit bot, aus οἷα ein ὄντα entstanden, so lag es nahe, die Stellung des τοιαῦτα ὄντα überlieferten τετύχηκε zu ändern und das ἤμειπται καὶ auch zum Vorhergehenden zu ziehen. — Der Scholiast geht dazu über, die in dem Stücke nachträglich vorgenommenen Änderungen aufzuzählen. Wir hören von einer διόρθωσις, die sich nahezu über jeden Teil des Stückes erstreckt habe, von einer διασκευή, die sich auf drei Stücke (Parabase, Streitscene, Brandscene) erstreckt habe, und von einem Mittelding, halb Diorthosis, halb Diaskene. Jene Diorthosis soll wenigstens nahezu vollendet sein, die Diaskene, von welcher nur Beispiele αὐτίκα μάλα

---

54) Fr. (IV, 4): nisi forte corrigendum est παραπέπλεκται, τὰ δὲ καὶ ἐν τῇ τῶν προσώπων τάξει ὁ καὶ διαλλαγῇ.

55) Ritter setzt καὶ ἐν τῇ . . . μετεσχημάτισται als Parenthese ( ).

56) Fritzsche statt τῆς διασκευῆς τετύχηκε: διασκεύασται. In der Überlieferung steht τετύχηκε hinter τοιαῦτα ὄντα.

57) Oder τὰ δὲ ὁλοσχερῆς τῆς διασκευῆς τετύχηκε τοιαῦτα.

gebracht würden, dagegen nicht. Teuffel (c. 221. 225) beschreibt genau den Werdegang dieses Processes. Nun kommt einem aber das Verfahren, wie es der Dichter eingeschlagen haben soll, recht unwahrscheinlich vor: erst das ganze Stück einer Durchsicht unterwerfen, bald hier, bald da die bessernde Hand anlegen *(διόρθ. σχεδόν παρὰ πᾶν μέρος γεγ.)* und dann an die Umarbeitung ganzer Scenen gehen *(διασκευή)*! Die letztere wirkte doch auch wieder auf die Umgebung ein, worauf schon Fritzsche (IV. 4) aufmerksam gemacht hat. Solcher völlig umgeänderten Scenen sollen nicht etwa nur drei gewesen sein. Hätte also der Dichter jenen Weg eingeschlagen, er hätte sich die Sache erschwert, die Mühe verdoppelt. Und ferner: bei allen den Scenenänderungen, von denen eine mehr denn 200 Verse betroffen haben soll, bei den Streichungen und Einschaltungen, bei den Änderungen in Reihenfolge und Personen, bei den Besserungen durch das ganze Stück hindurch da wagt der Scholiast den Satz an die Spitze zu stellen: *Τοῦτο ταὐτόν ἐστι τῷ προτέρῳ*?! Man hat das *ταὐτόν* nicht wörtlich nehmen wollen und es möglichst eingeschränkt, als bedeute es ‚im grossen und ganzen‘[58] dasselbe Stück, ein Nothehelf, der dem einfachen, klaren Wortlaut widerspricht: N II ist dasselbe Stück wie N I. An dem Zusammenhang, wie er sich in der 6. Hyp. darstellt, haben auch schon andere Anstoss genommen, so Beer (S. 121 f.), wenn er sagt „dessen Verfasser oder genauer dessen zwei Verfasser", bezüglich *καθόλου—Σωχράτους* „fügt, wie es scheint, ein anderer hinzu". Auch Brentano (S. 47), der die Worte *καθόλου—διόρθωσις* ausstösst „als Zusatz eines spätern Grammatikers (B), welcher . . . durch jene Interpolation den Inhalt seinen spätbyzantinischen Anschauungen entsprechend zu modeln und abzuschwächen suchte". Schliesslich Ritter S. 450. „Er beginnt mit einer allgemeinen Charakteristik, worin im Vergleich zu dem vorausgehenden *τοῦτο ταὐτόν ἐστι τῷ προτέρῳ* . . eine offene Übertreibung sich verrät, wenn er beginnt: *καθόλου μὲν οὖν σχεδὸν παρὰ πᾶν μέρος (γεγένηται) γεγενημένη διόρθωσις.*" „Offene Übertreibung", sagen wir lieber ‚Unmöglichkeit‘! Derselbe Scholiast, der jenen ersten klaren, verständigen Satz schrieb, hat das *καθόλου* u. s. w. nicht geschrieben, nicht schreiben können!

Es wird derselbe Verschlimmbesserer, der in Hyp. V sein Wesen trieb, auch hier thätig gewesen sein. Der Anonymus II will seine Weisheit an den Mann bringen, er deutet es gleich mit *μὲν οὖν* = ‚immo, vielmehr‘ an[59]: er will die Angabe des Anonymus I, dass nur in dem einen Teile (scl. Parab.) das Stück überarbeitet worden sei, korrigieren und wendet sich gegen das *ἐπὶ μέρους*, indem er kräftig mit *καθόλου* einsetzt, das noch durch *σχεδὸν παρὰ πᾶν μέρος* verstärkt wird. Ob dieser Anon. II bei der Wahl des Wortes *διόρθωσις* — der Artikel fehlt — den scharfen Gegensatz zu *διασκευή* im Auge hat, lasse ich dahingestellt. Das *τὰ μὲν γὰρ προήγηται, τὰ δὲ παραπέπλεκται* wird wieder vom Anon. I herrühren und sich auf das *διασκευάσαι ἐπὶ μέρους* beziehen: ‚das eine (die alte Parab.) ist gestrichen, das andere (die neue Parab.) eingeschaltet‘. So deutet diese Stelle auch Ritter (452). Das wäre freilich *διασκευή*, aber mag auch das Wort scharf genommen werden[60], es gehört ja der Zusatz *καθόλου . . γεγεν.* einem andern Verfasser an. Die Deutung des *τὰ μὲν γὰρ προήγηται, τὰ δὲ παραπέπλεκται* auf *διόρθωσις* als Beleg bezogen (bei Annahme eines Verfassers) verursacht so wie so Schwierigkeit. Brentano sucht (a. a. O.) die Worte *τὰ μὲν γὰρ . . . παραπέπλεκται* als Erläuterung der *διόρθωσις* an einem Beispiele — er wählt

---

[58] Fr. IV. 4; Beer 123 f. 126; Teuff. c 220; Büch. 683; Böhr. 1 f.; Ritter 450; Naber 167. 305 f.

[59] Vgl. Krüger Spr. 69, 35 A. 1: ein Beispiel auch in den Wolken V. 1151: *αὐτὸς μὲν οὖν σαυτῷ σὺ τοῦτον αἴτιος.*

[60] Über den Unterschied von *διόρθ.* und *διασκευή* vgl. Fr. I. 8; III. 7; IV. 4; G. Herm. XIV; Teuff. b 552 f. c 220 f. 225 f. 229 f.; Köchly 445; Büch. 685 A; Ritt. 450 ff.

die Verse 411 ff. in der Auffassung des Diogenes als unmöglich darzustellen. Teuffel c 226 f.), der als Beleg der διαιθ. nur die Worte bis πειριπιπλικεται fasst, weist darauf hin, wie wenig der Begriff ὁ. erschöpft wird, „da wir namentlich die Umänderung einzelner Worte oder Wendungen in seiner Anzählung vermissen, welche sich auf das Quantitative und das mehr in die Augen Fallende beschränkt: nämlich erstens Streichungen." Dahin zählt T. besonders Stellen, die aus den X. πρωτοι erhalten sind (bezw. sein sollen), ohne dass sie in den überlieferten Wolken sich befinden. So soll bei der Umarbeitung die Person des Euripides (vgl. o. S. 36) gestrichen worden sein, weil der Dichter einen so bedeutenden Mann doch nicht als blosse Staffage und auf gleicher Stufe mit allen andern, auch den unselbständigsten Schülern des Sokrates habe verwenden wollen. Aber woher denn diese plötzlichen Bedenken bei der Menagerie um V. 184, wenn des Euripides Name da ursprünglich gestanden? A. flickt dem tragischen Dichter doch wahrlich auch im erhaltenen Stück genug am Zeuge, wenn er sagt: ὡς ἐφὶνα ἀδελφός, ὡιελξικακ, τὴν ὁμητρίαν ἀδελφήν (1371 f.) und σοφώτατόν γ᾽ ἐκεῖνον; ὦ τί ἀ᾽ εἶπας; (1378, wo er um einen Namen verlegen ist, selbst der schimpflichste scheint nicht anszureichen (Kock z. d. St.). — Und wie ist's mit dem Fragment bei Photios (398, 11): ἐς τὴν Πάρνηθ᾽ ὀργισθεῖσαι φροῦδαι κατὰ τὸν Λεκαβηττόν? Man hat diese Anapäste in XI bald am Schlusse vermutet (Teuf. c 232, Xaber 321), bald vor V. 323 πρὸς τὴν Πάρνηθ᾽ (Büch. 678), weil Photios mit καὶ ἑξῆς auf eine nochmalige Erwähnung des Berges Parnes hindeute. Weyland (S. 44 f.) stösst sich daran, dass Sokrates die Wolken 265 ff. und dann wieder 269 ff. anruft: es soll dazwischen der Grund gestanden haben, weshalb Sokrates zum zweiten Mal die Göttinnen anruft, ein Tadel, dass der Alte durch unfromme Worte das Gebet unterbrochen: es sei zu befürchten, dass die Wolkengöttinnen ἐς τὴν Πάρνηθ᾽ ὀργ. . . . wieder abzögen. Darauf ist zu erwidern 1. im überlieferten Text unterbricht der Alte μήπω, μήπω γε das Gebet, er bedauert seine Lederkappe vergessen zu haben; damit ist die Wiederaufnahme ἴθετε δῆτ᾽ genug begründet. 2) Wie können die Verse bei Photios dort (hinter V. 268) gestanden haben? Sokrates weiss ja noch gar nicht, woher die Wolkengöttinnen kommen; erst 270 ff. Γᾶι . . . εἴτε geht er die vier Himmelsgegenden durch[61]. Hier können also die Verse, die das Kommen aus einer bestimmten Richtung zur Voraussetzung haben, nicht gestanden haben. Nehmen wir nun einmal an, sie hätten am Schluss gestanden. Über wen hätten denn die Wolken zornig sein sollen? Über Sokrates doch nicht, wie das Teuffel für möglich hält, indem sie sich, schaudernd vor dem zu Tage getretenen Atheismus, zuletzt selbst von ihrem bisherigen Schützling gewandt hätten. Das wäre doch ein zu jäher Umschwung in der Stimmung des Chors gegen Sokrates, durch nichts vorbereitet, ganz anders als in dem Verhalten des Chors Strepsiades gegenüber, wo der scheinbare Umschlag allmählich vorbereitet und begründet ist (vgl. o. S. 26 f.). Sokrates wird vom Chor als sein Priester begrüsst (359. 436), er ist des Lobes voll über den Weisen (360 ff.), verspricht ihm den Göttern viele (1808 ff.) und schiebt dem Strepsiades selbst und nicht etwa dem Lehrer Sokrates alle Schuld zu (1454 f. 1458 ff.). Da ist es doch unwahrscheinlich, dass der Chor urplötzlich am Schluss sein Benehmen ändert und sich voll Groll von dem Schützling abwendet. Der Dichter, der die Sophistik in Sokrates geisselt (vgl. o. S. 41 f.), muss den Weisen bis zum Schlusse unter dem Schutze dieser windigen, nebelhaften Göttinnen lassen. Auch wäre es, worauf Fritzsche (IV, 11 hinweist,

---

[61]) Was Weyland (S. 46) anführt, um 263–275 N I, 291–297 N II zuzuweisen, besagt wenig. Der Alte kopiert mit καὶ αἴρομαί γ᾽, ὧ πολυτίμητοι (283) den Sokrates (οἱ μέγα σεμναὶ Νεφέλαι 291); er erklärt (πρὸς τὰς βροντάς) nur das Donnern gehört zu haben. Als nun der Chor näher kommt und die Antistrophe gesungen hat, da erkundigt er sich (314 f.), wer sie seien: τίνες ποτ᾽ . . . αὗται αἱ φθεγξάμεναι τοῦτο τὸ σεμνόν, worauf ihn Sokrates über deren Gottheit belehrt.

auffallend, wenn der Chor nicht, wie sonst in der Komödie, in fröhlicher Stimmung abzöge. — Auch vor 323 würden die Verse nicht gepasst haben. Haben sie in N I gestanden, dann kann das nur in dem umgearbeiteten Teile, in der alten Parabase, etwa am Schlusse des πνίγος gewesen sein, wie das schon Beer S. 126 vermutete. Eine Erklärung an dieser Stelle, sie würden im Falle der Niederlage voll Zorns von Athen sich wegwenden, wäre im Munde der Wolkengöttinnen nicht unwahrscheinlich gewesen, zumal bei der Beziehung auf den frühern Vers 323, wo sie von eben dieser Parneshöhe herabgestiegen waren. Das καὶ ἑξῆς hinter Ἀριστοφάνης Νηφέλαις, muss, wenn auch die Stellung etwas ungewöhnlich ist, καὶ τὰ λοιπά genommen und auf die vorher citierten Verse als die ersten einer längern Reihe bezogen werden, wie es auch Witten S. 4 fasst „fortasse primum complurium vv. allatus esse putandus est". Haben die Verse aber an dieser Stelle gestanden in NI, dann muss man weiterhin annehmen, was bei den bis jetzt behandelten Citaten aus N I o. S. 22. 24 nicht nötig war, dass die N I veröffentlicht worden seien, eine Annahme, die bei den wenigen Citaten aus N I und dem zweifelhaften Charakter derselben gewagt erscheint. Die behaupteten Streichungen erweisen sich somit als der festen Grundlage entbehrend: Thatsache bleibt nur die Streichung der alten Parabase. Ähnlich verhält es sich mit den vermuteten Einschaltungen einzelner Verse. „um neue Gedanken unterzubringen, etwaige Härten in den Übergängen zu mildern und vornehmlich wohl im Zusammenhange mit grössern Änderungen, um auf sie vorzubereiten" (Teuf. e 228). Die als Beispiele citierten Verse 112 ff., 882—888, 1148 f. haben, wie unsere Untersuchung ergab, schon N I angehört. Die Worte τὰ μὲν γὰρ παραλέλειπται, τὰ δὲ παρακέκλεπται beziehen sich nur auf die alte und neue Parabase im Sinne der διασκευή.

Das folgende καὶ ἐν τῇ τάξει καὶ ἐν τῇ τῶν προσώπων διαλλαγῇ μετεσχημάτισται wird, wie der ganze Schluss, vom Anonymus II herrühren. Schon die Verbindung nach dem τὰ μὲν—τὰ δὲ mit καὶ wäre ungewöhnlich statt τὰ δὲ, welches Fritzsche einsetzen wollte; das καὶ zeigt eben, dass der Verschlimmbesserer nicht zufrieden war mit dem, was er vorfand (τὰ μὲν—τὰ δὲ), und korrigierend hinzufügte: ,auch in der Reihenfolge und in dem Wechsel der Personen ist umgestaltet worden.‘ Auf die (im Teil A behandelten) Vermutungen, dass in N I Sokrates selbst nicht der Logos Adikos) die Unterweisung des Pheidippides vornahm — nach Teuffel ja in N II nicht —, dass Chairephon eine grössere Rolle gespielt, dass die Logoi neu eingeführt seien (Ritter 453), brauche ich nicht näher einzugehen. Das würde sich auch alles bereits mit der διασκευή berühren, so dass man gegenüber dieser halben Diaskeue auch die Lesart ὀλοσχερῶς τῆς διασκευῆς würde verteidigen können. Der Anon. II hat sich mit seiner Behauptung, was immer er darunter gedacht hat, ebenso geirrt wie so viele spätere Forscher.

Schliesslich kommt er auf die drei grossen Änderungen der διασκευή. Da unserer Meinung nach das τὰ μὲν . . . παραλέλ. dem Anon. I zufällt, so ist die Änderung des ἃ δὲ in τὰ δὲ überflüssig. Hatte Anon. II unter ἐπὶ μέρους διασκ. und τὰ μὲν παραλέλειπται. τὰ δὲ παρακ. A. I) lediglich die διασκευή der Parabase i. e. S. verstanden, so ist auch klar, weshalb er hier, nachdem er zuvor Änderungen anderer Art erwähnt hat, bei den Fällen der eigentlichen Diaskeue nur ,gleich zum Beispiel‘ auf die Parabase Bezug nimmt, deren eben der Anon. I als einziges Falles der Diaskene bereits gedacht hatte. Dem Verschlimmbesserer sind aber in ähnlicher Weise wie diese (τοιαῦτα— οἷα ἡ παράβασις) auch noch zwei andere Partieen geändert worden ἥρπασται καὶ): die Streitscene und die Brandscene am Schlusse. Wie ist nun dieser Anonymus II und wie sind die Scholiasten, die Ähnliches berichten, zu ihren Behauptungen gekommen? Hier sind nicht, wie vorher, allgemeine Wendungen gebraucht, sondern bestimmte Teile genannt. Nach den Untersuchungen Ritters kann es keinem Zweifel unterliegen, dass jene ihre ganze Weisheit aus der neuen Parabase geschöpft, dass ihnen keine N I vorgelegen haben, ebensowenig wie dem Anon. I bei seinen Behauptungen (vgl. o. S. 47). Was da von der διάρθρωσις und der διασκευή grösserer Particen behauptet worden ist, stellt sich lediglich als Folge einer irrtümlichen Auffassung der neuen Parabase dar, soweit es sich um die Streitscene und die Brandscene handelt; und soweit es sich um Fälle der διάρθρωσις handelt, als ein Missverstehen der übrigen Komödie.

a. Die Brandscene.

V. 543 lautet: οὐδ᾽ ᾖξε δᾷδας ἔχουσ᾽, οὐδ᾽ ἰοὺ ἰοὺ βοᾷ. Dazu merkt ein Scholiast an: οὐκ ἔστι δῆλος, τίνι παρονειδίζει· ἀλλ᾽ ἴσως ἑαυτῷ, ἐπεὶ πεποίηκεν ἐν τῷ τέλει τοῦ δράματος καομένην τὴν διατριβὴν Σωκράτους καί τινας τῶν φιλοσόφων λέγοντας ἰοὺ ἰού· ἐν δὲ ταῖς πρώταις Νεφέλαις τοῦτο οὐ πεποίηκεν· ποιεῖ δὲ αὐτὸ μετὰ λόγου, οὕτω δὲ ἀκαίρως. „Aristophanes rühmt an seiner Komödie, sie sei nicht mit Fackeln auf die Bühne gerannt und schreie nicht o weh! o weh! d. h. er habe es nicht auf einen Augen und Ohren bewältigenden Anfang abgesehen, um damit die Schwäche seiner Poesie zu verdecken, wie einige seiner Rivalen. Weil aber am Schlusse der Wolken die Schule des Sokrates durch eine Fackel angezündet wird und ein Schüler ἰοὺ ἰού schreit, so findet darin der Scholiast nach der Liebhaberei der Alexandriner eine Schwierigkeit ἀπορία oder eine durch Scharfsinn zu lösende Aufgabe (πρόβλημα)" (Ritter 455). Ob es nötig ist, das ᾖξε mit Bücheler (S. 678 f. und Ritter auf eine Eingangsscene zu beziehen, lasse ich vorläufig dahingestellt [62]). Anfechtbar aber ist jedenfalls, was Ritter weiter sagt: „Er lässt eine doppelte Lösung (λύσις) der aufgeworfenen Schwierigkeit folgen, zuerst eine recht einfältige. Aristophanes scheine sich selbst zu tadeln. Dann folgt eine zweite: in der ersten Ausgabe der Wolken sei das Haus des Sokrates nicht mit einer Fackel angezündet, also auch nicht o weh geschrieen, und so könne A. wenigstens diese als eine masshaltende mit Recht rühmen; in der zweiten wolle er sich Fackel und Weheruf zwar erlauben, aber an der rechten Stelle." Wenn er Fackel und Weheruf μετὰ λόγου verwendet, so ist das doch auch masshaltend (vgl. o. S. 7. 40); es wäre also im Scholion kein Gegensatz zwischen N I und N II festgestellt, kein Vorzug der einen Ausgabe vor der andern. Der Scholiast hat ganz richtig bemerkt, A. verwende solche Bühnenmittel im Gegensatze zu den Rivalen mit Verstand, zur rechten Zeit. Er hat sich vorher mit ἴσως παρονειδίζει ἑαυτῷ selbst einen Einwand gemacht, den er nun mit der Schlussbemerkung abthut. Das Richtige hat hier Köchly (S. 421) gesehen, indem er das ἐν δὲ ταῖς πρώταις Νεφέλαις τοῦτο οὐ πεποίηκεν einer andern Hand zuweist; er irrt nur, wenn er hinzufügt: „er empfiehlt ja die neue Bearbeitung namentlich der Einsicht und dem guten Geschmack der Zuschauer, da ist es ja ganz in der Ordnung, dass dieselbe ganz σοφώτερον, ein verständiges Spiel und von allen jenen Possen gereinigt ist." Der gute Teil der Nachricht ist wieder dem Anon. I zuzuschreiben oder kann wenigstens von ihm herrühren, der Zusatz ἐν δὲ ταῖς πρώταις N. τοῦτο οὐ πεποίηκε verrät wieder den Verschlimmbesserer Anon. II. Abzuändern wäre Büchelers Urteil (S. 677) über den Scholiasten zu 543: „Das ist die Sprache eines glaubwürdigen, bedächtigen Grammatikers, welcher einen Widerspruch zwischen 543 und der Schlussscene fand und zu lösen bemüht war. Die Bestimmtheit, womit er den Brand den ersten Wolken abspricht, gegenüber der Ungewissheit, womit er sich im

---

[62]) Der Scholiast kann es nicht so gefasst haben; denn nur bezüglich einer Eingangsscene derart hätte er dann eine Schwierigkeit finden und die Lösung „es geschieht mit Verstand und am rechten Platze" geben können.

Eingang bescheidet, wird jeden überzeugen, dass jene Angabe nicht Vermutung des Grammatikers. sondern Thatsache war. Hiernach also ist es ausgemacht, dass der Brand in den zweiten Wolken nen hinzugekommen ist, so neu wie die Parabasis oder der Kampf der Logoi.⁴ Ebenso ist das Urteil Ritters (S. 454) zu ändern, der den Verfasser der Hypothesis schlechthin auch für den Urheber dieses Scholions ansieht.

Demselben Anonymus II, der stets mit grosser Sicherheit auftritt, dürfte auch das Scholion zu V. 542 zu verdanken sein: ἰστέον δὲ ὅτι πάντα, ὅσα ἂν λέγῃ, εἰς ἑαυτὸν τείνει. τοῖς μὲν γὰρ φάληται εἰσήγαγεν ἐν τῇ Λεσιστράτῃ, τὸν δὲ κόρδακα ἐν τοῖς Σφηξί. τοῖς δὲ φαλακροὺς ἐν Εἰρήνῃ, τὸν δὲ ποραβάτην ἐν Ὄρνισι, τὰς δὲ δᾷδας καὶ τὸ ἰοὺ ἰοὺ ἐν Νεφέλαις τὸ πρῶτον. Höchstens der erste Teil ἰστέον . . . τείνει könnte dem Anom. I zugeschrieben werden mit der Annahme, dass er bei dem εἰς ἑαυτὸν τείνει im Sinne des ποιεῖ αὐτὰ μετὰ λόγου Schol. 543, nur Vorkommnisse der Wolkenkomödie selber im Auge hat; das ἴσως παροινδίζει ἑαυτῷ (Schol. 543, wenn es auch nur einen selbstgemachten Einwand bedeuten wird, lässt sich freilich nicht gut mit jener Annahme vereinigen. Das ἐν Νεφέλαις τὸ πρῶτον ist unklar; Fritzsches (I, 17 A. 1) Änderung in ἐν Νεφέλαις τὸ δεύτερον oder ἐν δευτέραις Νεφέλαις ist gewaltsam. Indem das ἐν N. τὸ πρῶτον mit G. Herm. (Praef. XXI), dem Beer S. 120) folgt, durch ‚in den Wolken (II) zum ersten Mal‘ wiedergegeben wird, kann die Notiz nur von einem Scholiasten herrühren, der, ähnlich dem Anom. II, in dem Irrtum befangen war, dass die Brandscene nur den zweiten Wolken zuzusprechen sei. — Über die komische Wirkung, die in dieser Schlussscene liegt, wo Strepsiades als strafender Rächer erscheint, siehe oben (S. 13. 39 . Süvern S. 79) irrt, wenn er diese Brandscene zu tragisch findet und den geringen Erfolg der Wolkenkomödie mit darauf zurückführt. Ob nun der Meister Sokrates am Schlusse durchgeprügelt wurde, wie Fritzsche (I, 21) für N I vermutet, oder ob ihm die Bude über dem Kopf angezündet ward, das macht doch wenig Unterschied. Man begreift wohl, sagt Göttling (S. 15. 30), „welche Intention der Dichter bei der Veränderung gehabt hat, weder erscheint der Zusammenhang alteriert, noch werden die poetischen Motive vermisst". Während er aber nun vermutet, „dass der Dichter in dieser Scene nur gewisse auftretende Personen geändert hat, nichts aber in der Hauptsache", verhält es sich in Wirklichkeit so, dass der Dichter überhaupt nichts an der Schlussscene geändert hat. Der Behauptung Köchlys (S. 429 , dass sie noch in ihrem unfertigen Charakter die Spuren der Umarbeitung zeige, steht das gewichtige Urteil Büchelers (S. 676 f.) gegenüber, dass der Schluss durchaus befriedige. Weyland (S. 40 ff.) findet 1487—1489 unvereinbar mit dem, was folgt. Der Alte fordert in jenen Versen seinen Sklaven Xanthias auf, aufs Dach zu steigen und es mit der Axt kurz und klein zu hauen. Nun heisst es doch Jagd auf Widersprüche machen, wenn man sagt: ‚Xanthias ist auf dem Dache, wie kann da der Alte Feuer anlegen!‘ Die Worte 1496 (διακατολογοῦμαι ταῖς δοκοῖς τῆς οἰκίας) ; 320 und 1503 (ἀγορεύατω καὶ περιφορήτω τὸν ἥλιον) ; 225 spricht natürlich Strepsiades, wenn auch die Fragen des Schülers: ἄνθρωπε, τί ποιεῖς; (1495) und des Sokrates: οὗτος, τί ποιεῖς ἐπών, οὐχὶ τοῦ τέγους; (1502) an den Mann auf dem Dache gerichtet sind, der nur das Werkzeug in der Hand des Alten ist. Wegen des (μὴ) ἦ 'γὼ πρότερόν ποτε ἐκτραχηλισθῶ πεσών 1501) wird man annehmen müssen, dass auch Strepsiades, der diese Worte spricht, hinaufgestiegen ist, vielleicht noch auf der Leiter steht, während Xanthias der οὐχὶ τοῦ τέγους 1502) ist. Vielleicht auch sieht Sokrates ob des entstehenden Rauches nicht, wie viele oben sind, als er seine Frage τί ποιεῖς thut. Nehmen wir an, dass Schüler A Parachoregema). Schüler B (Unterlehrer Chairephon), Sokrates auf die Strasse rennen, so bleibt nur ein Schauspieler übrig (Strepsiades), so dass auch aus diesem Grunde Xanthias eine stumme Person sein muss. Einen zwingenden Grund mit Weyland (S. 42) die Verse 1500 f. für unecht zu erklären, sehe ich nicht; er stösst sich an dem ἦρ . . .

προδφ nach dem βούλομαι -non enim Xanthiae χ quo tum tenebatur studium (βούλομαι) ipso illo tempore ea re, quae poterat a l i q u a n d o accidere. ... deleri poterat". Es ist aber doch klar, dass der Satz ἦν ἡ ὁμιλίη ... sich grammatisch an das Fut. ἀπολεῖς, ἀπολεῖς des Schülers B anschliesst, als ob da stände: ,eben das will ich ja auch, n u d i c h w e r d e e u c h v e r n i c h t e n, wenn ... Nur die verkehrte Auffassung der neuen Parabase, besonders der Verse 537 ff., wo man bald in den gerühmten Vorzügen solche der X II vor X I sehen wollte, so bezüglich V. 734, bald solche der X I vor X II, so bezüglich der Brandscene (ἀλλ' ἴσως πυρπολήσει ἑαυτῷ*), während in Wirklichkeit der Dichter die Vorzüge der Wolkenkomödie schlechthin gegenüber den Stücken der Rivalen hervorhebt. hat den Irrtum erzeugt, die X I hätten keine Brandscene am Schlusse gehabt. War unsere Auffassung oben (S. 40) richtig, dass A. zum Beweise des masshaltenden Charakters seiner Komödie eine Reihe Beispiele wählte, die einerseits das verkehrte Verfahren der andern, zugleich aber das eigene verständige Verfahren erkennen liessen. so muss dies οὐδ' εἰσῆξε δίδυξ ἔχονσα, οὐδ' ιοὶ ιοὶ βοᾷ seine Beziehung auf die Brandscene gehabt haben. Diese aber steht in unserer Komödie am Schlusse; dann kann der Dichter mit εἰσῆξε nicht eine Eingangsscene gemeint haben, sondern der Ausdruck ist allgemeiner zu nehmen ,sie stürmte einher'.

b. Die Kampfscene.

Auch sie gehört X I an. Was die neuern Gelehrten an Gründen vorgeführt. weshalb sie in dem aufgeführten Stücke nicht habe stehen können, ist in Teil A der Untersuchung behandelt bezw. widerlegt. Desgleichen ward es bei der Untersuchung der Parabase klar, wie besonders durch die verkehrte Auffassung des τῶν οὖν Ἡλέκτραν κατ' ἐκείνην ἥ δ' ἡ κωμῳδία ζητοῦσ' ἦλθ. . (V. 534 f. der Irrtum der Scholiasten entstehen konnte, als sei die Partie 889—1104 in X II neu eingelegt worden, wozu das ἀλλ' οὐδ' ὣς .. προδώσω (V. 527) auch sein Teil beitragen mochte. Dem Verlangen G. Hermanns (Praef. XXVIII), der, indem er gegen Esser loszicht. meint. es lasse sich schlechterdings kein Grund finden. wie die Scholiasten dazu gekommen, solches zu ersinnen. glaube ich da mit entsprochen zu haben.

Es wären nun noch d i e F r a g m e n t e, d i e a u s X I a n g e f ü h r t w e r d e n, soweit sie nicht bereits im Verlaufe der Untersuchung behandelt wurden, zu betrachten. Die Citate bei Athenaeus finden sich. mit einer Ausnahme, in unsern Wolken. Bald werden d i e W o l k e n schlechthin w e g genannt: II, 64 f. μέμνηται τούτων καὶ Ἀριστοφάνης ἐν Νεφέλαις (κίχλη, κιχλία) V. 339; III, 94 f. Ἀριστοφάνης δ' ἐν Νεφέλαις: ἔκ μου χορδὴν τοῖς φροντισταῖς παραθέντων (V. 455 f.); IX, 374 e ἐν δὲ Νεφέλαις διδάσκων τὸν πραββύτην περὶ ὀνόματος διαφορᾶς φησι· τῶν δὲ πῶς μ χρὴ καλεῖν; B. ἀλεκτρύαιναν, τὸν δ' ἕτερον ἀλέκτορα (V. 665 f.); 387 a καὶ τὸ ἐν Νεφέλαις δ' ἐπὶ τῶν ὀρνίθων . . τοῖς φασιανούς, οὓς τρέφει Λεωγόρας (V. 109); XI. 467 b Ἀριστοφάνης Νεφέλαις· οὔτ' αὐτὸς οὔθ' ὁ Ξηγος οὔθ' ὁ σαμφόρας (V. 122). Das Citat 479 e ὡς Νίκαρχός φησιν . . . ἀπαιτήσμενος τὸ ἐκ Νεφέλων Ἀριστοφάνους ,μηδέ στέγω κοτυλίσκον' findet sich nicht in X II; es geht aber auf ein fremdes Zeugnis (Nik.) zurück. Zweimal führt Athenaeus die z w e i t e n Wolken an: VII, 299 h καὶ δεσπόσας Νεφέλαις· τὰς εἰκούς τῶν ἐγχέλεων τὰς ὑμᾶς μιμούμενοι (V. 559) — aus der neuen Parabase — und VIII. 345 f. Ἀριστοφάνης ἐν Νεφέλαις δευτέραις· οὐδ' ὀψαφαγεῖν οὐδέ κιχλίζειν (V. 983) — also aus der Streitscene —. Einmal e r s t e W o l k e n: IV, 171 e ὡς Ἀριστοφάνης ἐν προτέραις Νεφέλαις διὰ τούτων: πῶς οὐ δέξονται δῆτα τῇ νεηνίᾳ ἀρχαί τὰ πρωτεῖα u. s. w. (V. 1196 ff.). Weshalb Athenaeus an dieser Stelle die Zugehörigkeit zu X I betont. ähnlich wie es ein Scholiast zum Axiochus 367 b (Dind. Poet. Gr. 1868 p. 188) bezüglich V. 1417: ὡς πρῶθις οἱ γέροντες thut. ist nicht

*) Mit dem Zusatz des Anonymus II.

recht klar. Die herrschende Ansicht wird, wie wir es beim Anonymus II finden, die gewesen sein, dass ausser der Parabase i. e. S. noch die Kampf- und die Brandscene eine διασκευή erfahren hätten: daher Athenaeus bei jenen zwei Stellen diese Zugehörigkeit betont. Die Verse 1196—1200 finden sich nicht weit von der Kampfscene (1104), der Vers 1417 nicht weit von der Brandscene (ab 1483), also nicht weit von den Particen der N II nach der herrschenden Ansicht; daraus mochte Athenaeus sowie der Scholiast Anlass nehmen jene Zugehörigkeit zu N I besonders zu betonen. Jene Ansicht ist ja auch bis in die neueste Zeit die herrschende geblieben, mochte man nun annehmen, dass jene drei Teile der διασκευή in N I gänzlich gefehlt (Fritzsche I. 9; III, 3; IV, 4, oder mehr oder weniger gründliche Änderung in N II erfahren hätten (G. Herm. Praef. XIV; Teuff. h 552, e 229 f.; Köchly 415. 423. 427; 428; Büch. 677. 680; am wenigstens schroff Beer 122 f.; Enger 5. 8). Fügen wir noch hinzu, was Ritter (S. 449 f.) sagt, „dass in den reichhaltigen Scholien zu den Wolken, wovon die besten bis saec. II und III a. Chr. reichen, nur das uns erhaltene Stück berücksichtigt wird, und dass, obgleich im Anfange derselben von einer 1. und 2. Ausgabe bestimmt genug die Rede ist, in ihrem Verlauf kein Vers, ja nicht einmal ein Wort aus den 1. Wolken beigebracht wird".

Ergebnis: In der fünften und sechsten Hypothesis[63], die zusammengehören, sowie in mehrern Scholien lässt sich die Arbeit verschiedener Verfasser erkennen. Die eine stellt eine gute Quelle dar, die andere eine getrübte. Die falschen Angaben über eine Umarbeitung der Wolken sind auf verkehrte Auslegung der neuen Parabase zurückzuführen. Soweit nicht die erhaltenen Fragmente, die sich in unsern Wolken nicht finden, durch Zufall aus unserm Text geschwunden sein können, ist der Rest zu dürftig, als dass man zur Annahme genötigt wäre, Aristophanes habe die N I d. h. unsere Wolkenkomödie, aber mit der alten Parabase, veröffentlicht.

II. Die Apologie des Platon.

Der Umfang des Programms gestattet es nicht, die Untersuchung an dieser Stelle weiterzuführen. Ich beschränke mich auf wenige Andeutungen. Kock und Schanz finden einen Widerspruch zwischen der Darstellung bei Platon und dem Inhalte des Aristophanischen Stückes. „Es ist," sagt Kock (E. 34), „nicht abzusehen, inwiefern ein charakteristischer Unterschied zwischen den Anklagen der Komödie und denen des Anytos zu erkennen sein soll, wenn nicht in den ersten Wolken dieser Teil [sc. der Streit der Logoi], die Verführung der Jugend durch Sokrates, fehlte. Es scheinen also die ersten Wolken den Kampf der Sprecher des Rechts und des Unrechts nicht ent-

[63] Ähnlich wird das Verhältnis bei den übrigen Hypotheseis sein. Sie sind von verschiedenem Werte. So findet sich in Hyp. IX die gute Nachricht bezw. Erklärung: ἥττων (Streps.) αὐτὸν τῷ Σωκράτει, ὃς καλέσας τὸν δίκαιον λόγον καὶ ἄδικον καὶ αἴρων τῷ υἱῷ δοὺς ἐξελθεῖν, διδάσκει ἥττονα τὸν ἄδικον λόγον (vgl. o. S. 11. 13. 18 f.), während die Hyp. III irrig sagt: καὶ παραλαβὼν αὐτὸν ὁ ἄδικος λόγος ἐκδιδάσκει und in Hyp. X sich beide Wendungen neben einander finden: μετίασιν προσαγαγεῖν τῷ Σωκράτει τὸν παῖδα, ἵν' ἐπ' αὐτοῦ διδαχθεὶς τὸν ἄδικον λόγον . . . und: διαγωνίζονται πρὸς ἀλλήλους, οἱ λόγοι καὶ νικηθεὶς [νικήσας?] ὁ ἄδικος παραλαβὼν τὸν υἱὸν πρὸς τὸ διδάξαι καὶ ἑαυτῷ ἐκδιδάσκει, wo auch die Konstruktion auf Verwirrung schliessen lässt.

halten zu haben." So auch Schanz (E. 12), nur dass er statt Koeks „es scheinen" sagt „wie mit vollster Bestimmtheit behauptet werden kann". Die Ausführungen der beiden Gelehrten gehen meines Erachtens von einer in zweifacher Hinsicht irrigen Voraussetzung aus, nämlich 1) dass die sog. fiktive Anklage vorzugsweise oder lediglich das Aristophanische Stück im Auge habe, und 2) dass die fiktive und die offizielle Klage sich scharf gegenüberständen (vgl. bes. Schanz S. 11. 65). Die eingehende Untersuchung hierüber führte zu folgendem Ergebnis:

Die Erwähnung des Aristophanes in der Apologie ist nur eine gelegentliche und bezieht sich lediglich auf den einen Punkt des verleumderischen Geredes: Σωκράτης ἀστρογραφεῖται ζητῶν τά τε ἐπὸ γῆς καὶ οὐράνια. Die sog. fiktive Klage baut sich nicht auf die Wolkenkomödie auf. Aus der Nichterwähnung der Streitscene bei Platon lässt sich nicht auf das Nichtvorhandensein derselben in N I schliessen.

Ich stehe am Schlusse meiner Untersuchung. Ihr Gesamtergebnis ist, dass uns die i. J. 423 aufgeführte Wolkenkomödie erhalten ist. Der Dichter hat nur, zum Zweck der Rechtfertigung des durchgefallenen Stückes, die alte Parabase i. e. S. durch eine neue ersetzt. Vielleicht zwei Chorlieder, wahrscheinlicher 16 Tetrameter sind, von einzelnen Versen abgesehen, verloren gegangen. Indem wir N I und N II identificieren, sind wir wieder auf dem Standpunkte angelangt, auf dem im ersten Viertel des Jahrhunderts Esser stand. Sein Urteil über die Scholiasten trug, in seiner Allgemeinheit, ihm seitens G. Hermanns den Vorwurf ein, er habe den Knoten einfach zerhauen, statt ihn zu lösen. Letztern Weg betraten wir, indem wir in den Nachrichten der Scholiasten Wahres und Falsches, Altes und Neues schieden. Esser hat die Wahrheit geschaut, ohne sie in allen Stücken zu beweisen, nach dem damaligen Stande der Wolkenfrage beweisen zu können. Dazu bedurfte es erst der nachfolgenden Untersuchungen eines Fritzsche, Teuffel, Köchly, Bücheler, Ritter u. a. Der Streit ist der Vater der Dinge. Das sorgfältige Nachprüfen aller vorgebrachten Gründe führte zu dem Ergebnis, dass jene Gelehrten, wie viel sie auch zum bessern Verständnisse beigetragen haben mochten, sich doch im Endresultate, der eine mehr, der andere weniger, geirrt. Nur so wurde es dem Verfasser möglich, in der vielbesprochenen Wolkenfrage, wie er hofft, einen Schritt weiter zu thun.

Anhang.

V. 523. Das überlieferte πρότους lässt sich nicht halten. Welcker emendierte πρότῃ, Bücheler πρότων mit zeitlichem Hinweis auf die erste Aufführung. Auch bei πρότῃ - es müsste bedeuten ‚erste dem Range nach, vorzüglichste' — würde sich, mag man es nun zum vorhergehenden Verse καὶ ταύτην σοφώτατ' ἔχειν τῶν ἐμῶν κομῳδιῶν ziehen, wo es tautologisch mit σοφώτατ' ἔχειν sein würde (Kähler), oder mit dem folgenden ἡγίσω' . . . ἡ πρότῃ μοι . . . verbinden, die zeitliche Beziehung aufdrängen, die aber nicht passt. Kock freilich fasst es zeitlich „zuerst d. h. vor allen andern Komödien", dann aber ergiebt sich als die Folge, dass dieser Teil der Parabase bald nach dem Misserfolg i. J. 423, die Verse 559 ff. dagegen frühestens i. J. 419 geschrieben sein müssten! Bei Büchelers πρότων liegt die Beziehung auf das εἶπα (521) nahe, es entsteht so die Gefahr eines

unklaren Gegensatzes: ‚anfangs hielt ich die Komödie für würdig, sie euch kosten zu lassen, dann
aber (εἶτα, ein δέ würde nicht vermisst, vgl. Krüger Spr. 69, 24 A. 1) wurde ich besiegt und wollte
zurücktreten.‘ Nach der Niederlage hielt er sie nicht minder für würdig, sonst würde er die Komödie nicht so preisen. Dieser nach dem Wortlaut erwartete Gegensatz ist also nicht gemeint. Auch
vermisst man ein Objekt, sei es zu ἠξίωσα in der Bedeutung ‚ich hielt für würdig‘ — diese ist
vorzuziehen wegen der offenkundigen Beziehung des οὐκ ἄξιος ὤν (525) auf ἠξίωσα — oder zu
ἀναγνῶσαι in der Bedeutung ‚ich wünschte‘. Weshalb hatte der Dichter einen Sieg seiner ‚Wolken‘
erwartet? 1) weil sie nach seiner Ansicht die sinnreichste Komödie war und 2) weil er verständige
Zuschauer voraussetzte. Unter ähnlichen Bedingungen hatte er einen Sieg seiner ‚Schmausbrüder‘
errungen. Man wird drum im V. 523 diese doppelte Beziehung, wie sie V. 521 f. gegeben war,
erwarten. Vielleicht hat ursprünglich ταύτην gestanden. Auf ταύτην kommt auch (nach Kählers Angabe) Köchly, der aber an Umstellung denkt: θεατῶν δεξιῶν πρῶτος, καὶ σοφώτατ᾽ . . κωμῳ-
δῶν ταύτην, ἡξίωσ᾽ . . u. s. w. und πρῶτος festhält. In chiastischer Ordnung würde dann mit ταύτην
der Inhalt von 522 ‚καὶ ταύτην σοφώτατ᾽ ἔχειν τῶν ἐμῶν κωμῳδιῶν‘, mit ὑμᾶς der von 521 (ὡς ὑμᾶς
ἡγούμενος εἶναι θεατὰς δεξιούς) wieder aufgenommen im Vers 523 (ταύτην ἡξίωσ᾽ ἀναγνῶ᾽ ὑμᾶς). Das
Objekt wäre um da; der Relativsatz ᾗ παρέσχε μοι ἔργον πλεῖστον schlösse sich leicht an: der nicht
passende Zeitbegriff wäre vermieden. Wie war es möglich, dass das ταύτην durch ein πρῶτος
verdrängt wurde? Zur Erklärung des ὑμᾶς = θεατὰς δεξιούς (521) mochte am Rande ein πρῶτος
‚als die ersten, vorzüglichsten‘ vermerkt sein, das bei der Abschrift in den Text geriet und das
ταύτην um so leichter verdrängen konnte, als man dies bei flüchtigem Zusehen als aus dem vorhergehenden Verse eingeschlichen ansehen mochte. Die kräftige Wiederholung des ταύτην—ὑμᾶς
scheint mir gut in den Zusammenhang zu passen.

V. 528: οἷς ἡδὺ καὶ λέγειν. Göttling (S. 19) will die Worte festhalten „zu denen selbst zu sprechen ein Vergnügen ist“ und sieht darin eine Beziehung aufs Lesepublikum: Kähler (z. d. St.) „vor
welchen schon überhaupt zu reden eine Freude ist.“ Beides unklar. Der Dichter hofft auf guten
Erfolg aus den oben angegebenen zwei Gründen. Von der Vorzüglichkeit seines Stücks ist er über-
zeugt, von der guten Einsicht der Richter hat er Beweise seit den Daitaleis. Eine scharfe Kritik
braucht er nicht zu scheuen, die war auch damals vorhanden, als seine Daitaleis Erfolg hatten.
Dieser letztere Gedanke scheint mir in den Worten οἷς ἡδὺ καὶ λέγειν gesteckt zu haben ‚seitdem
hier vor Männern, die gern kritisierten, der Tugendsam und der Liederlich den grössten Beifall fanden‘. Drum scheint mir Kocks οἷων δόξης μέλει ‚Leute, die Sinn für Recht haben‘ — eher
erwartete man ἡμῖν — zu matt, abgesehen davon, dass damit ein verletzender Gegensatz der Kritiker der Daitaleis und der Kritiker der Nephelai hineingetragen würde. Kählers κατ᾽ ἰδεῖν ist nicht
am Platze. Eine höchst einfache Änderung wäre die des λέγειν in ψέγειν ‚denen es doch
auch ein Vergnügen war tadelnd herabzusetzen‘.

V. 531: παῖς δ᾽ ἑτέρα τις λαβοῦσ᾽ ἀνείλετο . . . Der Vergleich der Erstlingskomödie mit Orestes
passte auch noch deshalb, weil sie ja gewissermassen in der Fremde (unter fremdem Namen) gross geworden
‚aufgeführt worden‘ war. Aber Philonides kann doch nicht παῖς genannt werden; das Mägdlein
hätte mit seinem λαβοῦσ᾽ ἀνείλετο in ähnlichen schlimmen Ruf kommen können wie Aristophanes, der
von sich sagt: παρθένος γὰρ ἔτ᾽ ἦν κοὐκ ἐξῆν πώ μοι τεκεῖν (530). Kocks: παῖς δ᾽ ἑτέρα ‚gleichsam
die Amme‘ ist mir unverständlich. Es wird wohl παῖδ᾽ ἑτέρα τις zu lesen sein, man vermisst dann
auch das Objekt nicht; über den fehlenden Artikel vgl. Krüg. Spr. 50, 3 A. 8.

V. 248: τῷ γὰρ ὄμνυτ᾽ ; ἤ . . Strepsiades hat erklärt (245 f.: μαθὼν δ᾽, ὅτιν᾽ ἂν πράττῃ μ᾽
ὀμοῦμαί σοι καταθήσειν τοὺς θεούς, worauf Sokrates: ποίους θεοὺς ὁμεῖ σέ; πρῶτον γὰρ θεοὶ ἡμῖν ὁ-

μαρι ονκ ἰστι. Dann folgen von Strepsiades obige Worte. Der Fehler muss in dem ὄμνετ stecken: denn τῷ wird durch den weiter folgenden Dativ σιδαρίοισιν, ὥσπερ ἐν Βεζαντίῳ geschützt. Strepsiades fasst das νόμισμα in der Bedeutung ‚landesübliche Münze'. Darauf, dass Sokrates und Genossen schwören (ὄμνετ τ τ), kommt es hier nach der Frage des Sokrates ποίους θεοὺς ὀ μ ι ῖ σ ὸ, nicht an: sonst hätte auch, entsprechend dem σὸ, ein ὑμῖς stehen müssen. Die vorgeschlagenen Änderungen Göttling: τῷ νομίζετ' ; ἦ . . . Kayser: τῷ δὲ νομίζετ' ; ἦ . . . Bergk: οὐκ ἰστιν. — ἦ νομίζετε sind gewaltsam, und man vermisst den Begriff ὄμνετε als Antwort auf das ὄμετ σὸ: Bei diesem ist aus dem Vorhergehenden zu ergänzen μισθὸν καταθῆσειν, dasselbe wohl auch 248 f. Eine leichte Änderung wäre ὄμνεμ' statt ὄμνετ' (dieselbe Elision z. B. 854 μάθοιμ'). Strepsiades macht wieder einen seiner beliebten Witze: er knüpft hier an das doppeldeutige νόμισμα an. Während Sokrates gesagt hat ‚denn, um dir das zunächst zu sagen, Götter schlechtweg sind bei uns nicht in Kurs im Brauch', nimmt der Alte das νόμισμα gleich ‚Münze' und sagt: ‚in was für Münze denn schwör' ich? sei das Honorar zu bezahlen.) Nun, in welch' anderer als in Eisenmünzen, gleichwie in Byzantion?' Der Schwur geht in gewissem Sinne in Erfüllung, insofern am Schluss mit der eisernen Hacke das Dach kurz und klein gehauen und so mit byzantinischer Scheidemünze gezahlt wird.

V. 417: οἶνοι τ' ἀπέχει καὶ γυμνασίων . . . Darüber, dass γυμνασίων festzuhalten ist, vgl. o. S. 28 f. Eine andere Erklärung mit Festhaltung des γυμν. bei Römer s. u. S. 242 f.

V. 486 f.: ἔνεστι δῆτά σοι λέγειν ἐν τῇ φύσει; -- λέγειν μὲν οὐκ ἔνεστ', ἀποστερεῖν δ' ἔνι. Die Umstellung, die Kock (z. V. 486) — nach Green — vorschlägt: 486 f. hinter 488 πῶς οὖν δυνήσω μανθάνειν; — ἀμέλει καλῶς) „wodurch in der That der Zusammenhang wesentlich verbessert wird", ist zu verwerfen. Viel richtiger wird die Frage 488, ‚wie wirst du denn lernen können?' gestellt, nachdem Sokrates von dem Alten gehört hat, dass er keine Naturanlage zum ‚Process/Reden hat λέγειν οὐκ ἔνεστι 487), als nach der Antwort auf die Frage ἦ μνημονικὸς εἶ: denn diese Antwort ‚wenn man mir was schuldig ist, habe ich ein gutes Gedächtnis; wenn ich aber selbst was schuldig bin, dann bin ich ganz vergesslich' ist doch eigentlich gar keine Antwort, auf' die hin Sokrates sein Urteil abgeben kann, wie wirst du denn lernen können?' Auf das λέγειν kommt es an, fehlt hierzu die Naturanlage — und das erklärt ja Strepsiades —, dann kann Sokrates sein Urteil abgeben. — Aus diesem Grunde ist aber auch die Tilgung von 486 f., die Witten (S. 10) nach Meinekes Vorgang vornimmt, unstatthaft: der wichtigste Begriff (Naturanlage zum Reden wird dadurch getilgt. Für geschwätzig hält der Alte sich ja freilich 1480 ἐμοῦ παραινοῦντος ἀδολεσχία, das kann er mit seinem λέγειν οὐκ ἔνεστι nicht gemeint haben, sondern nur das Processreden, wie sich aus ἀποστερεῖν ergiebt, das denselben Sinn hat wie das genauere τὰ χρήμαθ' ἀδικημάτων ἀποστερεῖν 1463 f.

Nachtrag.

Erst während des Druckes lernte ich die Abhandlung von Ad. Römer ‚Zur Kritik und Exegese der Wolken des Aristophanes' (Sitzungsberichte u. s. w. der k. b. Akad. d. Wiss. zu München 1896 Heft II) kennen. R. wendet sich gegen die Behauptung, dass an dem Sokrates des Komikers kaum etwas echt sei als die Maske (S. 221—230): es ist eine weitere Ausführung des oben (S. 41) Gesagten. Auch dem, was er bezüglich der freien Behandlung des ἦθος in der Komödie sagt

8

S. 240, 251 ff.), wird man zustimmen können. „Aus der Maske der Philosophen, der Bauern, des Chors hört man die höchsteigene Stimme des Dichters heraus" (S. 252). „Die Bauern des A. zeigen ein doppeltes Gesicht, das des echten, unverfälschten .. Landbewohners und die dem entsprechende Haltung in Worten und Werken ... Andererseits sind die Bauern des A. aber auch die Träger der höchsteigenen Gedanken des Dichters und das Sprachrohr für seine politischen, insbesondere aber auch für seine musikalisch-literarischen Schmerzen" (S. 240). Darnach mag, was des Strepsiades Charakter (vgl. o. S. 31 ff.) etwa sich Widersprechendes enthält, beurteilt werden. Auch darin wird man R. Recht geben, dass ein Aristophanes nicht „aus reiner Unkenntnis den Sokrates mit den Sophisten verwechselt und vermengt" habe, vielmehr war „diese Vermengung bestimmte, aus künstlerischen Erwägungen hervorgegangene Absicht. Diese führten den Dichter nicht in das Heiligtum der Sokratischen Lehre, sondern in die Werkstätten der Rhetoren, Physiker, Sophisten u. a." (S. 229).

Im übrigen sind aber die Ergebnisse der Untersuchung Römers mehrfach anfechtbar. In unsern Wolken sieht er eine Umarbeitung von N I (S. 223 A: Chairephon, 246). Nach ihm wurde „der Spass mit dem Flohsprung erst später hinzugedichtet" (S. 234). Die Gestaltung von V. 156 ἐπήρετ' αὐτὸν Χαιρεφῶν ὁ Σφήττιος soll das beweisen. „Der Name des Demos ist doch hier nicht am Platze, nachdem Chairephon schon zweimal V. 104 und besonders 144 genannt ist, aber berechtigt zu dem Schlusse, dass dieses Stückchen einst das erste in der Reihe der lustigen Erfindungen war, wo allein die Charakteristik nach dem Demos berechtigt war." Weshalb hat denn A. diese Flohgeschichte (V. 144 ff.) nicht einfach hinter den Mückenscherz V. 156 ff.) gesetzt, wo sie doch ebenso gut passte und keine Änderung des den letztern einleitenden Verses nötig machte? Denn der V. 156 (ἐπήρετ' αὐτὸν Χαιρεφῶν ὁ Σφ.) müsste seine Gestaltung einer Abänderung verdanken: so konnte er den Reigen der Erfindungen nicht eröffnet haben. Sokrates' Name ist in dem Gespräch zwischen Streps. und Schüler (Chair.) — nach Ausscheidung der Flohgeschichte — noch nicht gefallen; αὐτός allein würde für den Alten unverständlich sein, wie nachher (V. 219) seine Frage: τίς αὐτός; beweist. Wenn somit V. 156 eine Änderung des früheren Σωκράτης in αὐτός aufwiese, wäre es doch auffallend, wenn nicht auch das nach Römer nunmehr anstössige ὁ Σφήττιος beseitigt worden wäre. Der Zusatz ist aber keineswegs auffallend bei genauerer Betrachtung. Der Alte hat eben (V. 153) ob des Flohsprungproblems, das so geniale Lösung gefunden, bewundernd ausgerufen: ὦ Ζεῦ βασιλεῦ, τῆς λεπτότητος τῶν φρενῶν. Chairephon hat die Ehre des nähern Verkehrs mit diesem Genie Sokrates. Durch den Zusatz ὁ Σφήττιος, in dem eine Art Erwiderung auf des Alten Φιλόσοφος εἶδε Στρεψιάδης Κικυννόθεν (V. 134) liegt, sucht er die Bedeutung seiner Persönlichkeit, der er einen officiellen Anstrich giebt, hervorzuheben. Mochte der Zusatz im Munde eines beliebigen Schülers matt sein, hier, wo Chairephon nach unserer Untersuchung selber spricht, ist das ὁ Σφήττιος nicht matt, sondern äusserst charakteristisch. — Der Unterlehrer stellt die Frage an den Meister. Das spricht schon gegen Römers Einwand (S. 227) bez. der Änderung im V. 144 ἐπήρετ' ἄρτι Χαιρεφῶν τὸν Σωκράτη vgl. o. S. 21 A. 29. „Der fragende — der immer fragende Sokrates eröffnet allein passend den Reigen dieser Stückchen, passender jedenfalls als der fragende Chairephon". Derselbe Chair. hat aber doch auch nach R. in N I mit der Frage ἐπήρετ' αὐτὸν Χ. ὁ Σφ. den Reigen eröffnet! — Unmöglich ist es, mit Römer (S. 243 f.) das ὅδε (V. 807) auf Pheidippides zu beziehen. „Der Chor will die 796 ff. hervorgehobenen Bedenken beschwichtigen und stellt ihm deswegen den willigen Gehorsam seines Sohnes und die daraus für ihn resultierenden Vorteile in bestimmte Aussicht." Von anderm abgesehen: wie konnte der Chor, der den jungen Mann ja gar nicht kennt, der eben aus des Vaters Mund das οὐκ ἐθέλει μανθάνειν (798), ἢν δὲ μὴ θέλῃ, οὐκ ἔσθ' ὅπως οὐκ ἐξελῶ 'κ τῆς οἰκίας (801 f.) gehört hat, zu solcher gänzlich unbegründeten, so zuversichtlich (ὡς ἑτοίμως ausgesprochenen Behauptung kommen (ἑτοίμως ὅδ᾽ ἐστὶν ἅπαντα δρᾶν, ὅσ᾽ ἂν κελεύῃς)! Wie die Stelle zu verstehen ist, ward oben (S. 15 f. dargelegt. — Auch was den Grund des Misserfolgs anbetrifft, kann ich den Ausführungen Römers S. 246 ff. nicht beipflichten. Zu Unrecht wendet er sich gegen Kaibels Annahme Realencyclopädie p. 977 „das Publikum hätte gewiss mit einem Angriff auf die Sophisten sympathisiert. Aber den Sokrates so darzustellen war ein Missgriff; von ihm wusste die Masse der Athener recht wohl, dass er weder ein ἄθεος noch ein μετεωροσοφιστής noch ein Rechtsverdreher war." Nach R. scheitert diese Annahme „an dem zwingenden Schlusse, dass es in diesem Falle absolut nicht zu erklären wäre, warum dann A. in dem uns heute vorliegenden Stücke den Angriff sogar noch verschärfte". Letzteres ist eben nur Hypothese. Neben dem von R. allein zugestandenen Grunde des Misserfolgs, der verkehrten Auffassung seitens der θεαταὶ φορτικοί bezüglich der Originalität des Stückes, wird nach unserer Darlegung o. S. 39) als zweiter Grund der Vorwurf des Mangels an Masshaltung zu betonen sein. — Beiläufig sei bemerkt, dass auch Römer (S. 253) das σοφῶς γε τὴ τὰς Χάριτας (V. 773) ernst nimmt (vgl. o. S. 23 A. 32). — Vor dem ἔχει τι (V. 733) nimmt R. S. 236) wegen der Ausgabe zweier Scholien z. d. V. den Ausfall eines Gedankens wie etwa ἀνιστήσων τὴν φορτίδ᾽ εἰς τὸν ἀέρα an. Der Zusammenhang (vgl. o. S. 25) lässt nichts dergleichen vermissen. Das Jagdbild (Vogel- oder Fischfang), worauf nach den Scholisten das ἔχει τι hinweist, wird schon in dem τοῖς ἀποσπργητικῶς κεκαυλ...ημα 728 f. zu finden sein; wie ein Köder soll die Tragödie befestigt werden (ἀναρτάω Schol., vermittelst deren der Alte auf einen guten Fang (Rettung in seinen Nöten ausgehen soll. So konnten wohl die Scholiasten zu ihren Bemerkungen: ἐπειδὴ προσίπεν αὐτῷ ἀναρτήσαις τὴν φορτίδα ὡς ἐπὶ ὀρνιθοθήρου εἴτε τὸ ἔχει τι und . . ἀναρτήσαι γὰρ αὐτῷ ἐκέλευσε τὴν διάνοιαν καὶ τὴν φορτίδα kommen, ohne dass man nötig hätte, den Ausfall eines Gedankens, wie oben angegeben, anzunehmen.